복잡한 대학입시
간단하게 준비하기

복잡한 대학입시 간단하게 준비하기

초판 1쇄 인쇄	2015년 01월 22일		
초판 1쇄 발행	2015년 01월 27일		

지은이	조 성 학		
펴낸이	손 형 국		
펴낸곳	(주)북랩		
편집인	선일영	편집	이소현, 김진주, 이탄석, 김아름
디자인	이현수, 김루리, 윤미리내	제작	박기성, 황동현, 구성우
마케팅	김회란, 이희정		
출판등록	2004. 12. 1(제2012-000051호)		
주소	서울시 금천구 가산디지털 1로 168, 우림라이온스밸리 B동 B113, 114호		
홈페이지	www.book.co.kr		
전화번호	(02)2026-5777	팩스	(02)2026-5747

ISBN	979-11-5585-472-3 43370(종이책) 979-11-5585-473-0 45370(전자책)

이 도서의 국립중앙도서관 출판예정도서목록(CIP)은 서지정보유통지원시스템 홈페이지(http://seoji.nl.go.kr)와
국가자료공동목록시스템(http://www.nl.go.kr/kolisnet)에서 이용하실 수 있습니다.
(CIP제어번호 : CIP2015002030)

학생부 종합전형에서 수능시험 준비까지 한 권으로 끝내는 내 손 안의 대학입시 컨설턴트!

복잡한 대학입시 간단하게 준비하기

조성학 지음

북랩 book Lab

이 책을 쓰게 된 이유

2007년부터 교직 생활을 시작해서 지금까지 고등학교에서만 만 8년을 일했다. 그 이전부터 '학교 붕괴'라는 단어가 신문과 뉴스에 수시로 등장하였다. 나는 그런 현실이 너무 괴로웠다.

그런 현실을 근본적으로 바꾸기 위해서는 우리 교육계에 무언가 근본적인 변화가 있어야 할 것이다. 하지만 그런 근본적인 변화가 오기까지를 기다리기보다는 지금 당장 내가 할 수 있는 무언가를 해야 하겠다는 일념으로 일해 왔다. 그 결과 도달한 결론이 바로 학생들을 대학으로 가는 길로 인도하는 것이었다.

물론 아이들을 대학교에 입학시키는 것이 교육의 궁극적인 목표는 아니다. 하지만 아이들이 대학교에 입학하기 위해서 노력하는 것은 그들이 '붕괴된 학교' 속에서 '멘붕'에 빠지는 것을 방지하고 그들이 자기 인생에 자부심을 갖고 더 적극적으로 학교생활을 할 수 있게 하는 데 도움이 되는 것은 사실이다.

이것은 내가 교육 현장에서 뼈저리게 느낀 현실이다. 대학 입학에 대한 구체적이고 명확한 계획이 있고, 그것을 한 스텝 두 스텝 실천하고 있는 학생은 '학교 붕괴'의 현실 속에서도 '멘붕'에 빠지지 않는다. 자신의 미래에 대한 구체적 계획이 없는 학생일수록 학교를 '붕괴'시키고 스스로 '멘붕'에 빠지는 경향이 있는 것 또한 현실이다.

또 하나의 서글픈 현실이지만 지금 대한민국에 다니는 학생들 중 상당수는 고등학교 3학년이 되기 전까지는 '대학으로 가는 길'을 거의 전적으로 부모와 자기 스스로의 노력에 의해서 걸어야 한다. 학생과 학부모는 대학입시에 대한 지식과 정보가 절대적으로 부족한 경우가 많다. 그들 중 대다수는 수능 모의고사 성적표에 나오는 백분위점수와 표준점수가 어떤 의미를 갖는지를 잘 알지 못한다. 정시 배치표를 보는 방법도 잘 모른다. 이런 상황에서 어떻게 대학마다 다르고 정시 배치표보다 복잡한, 수많은 대학교의 수시 모집요강을 이해하겠는가.

이 책은 이런 절박한 현실 속에서 치열하게 해결책을 찾아 헤매던 한 공립 고등학교 담임교사가 도달한 결론을 알기 쉽게 정리한 것이다. 그 결론이란 학생 스스로가 대학 입학을 준비하기 위한 '매뉴얼'이다. 이 책에 쓰여 있는 대로만 준비하면 적어도 대학 입학과 관련된 지식과 정보가 부족해서 대입에 실패했다는 후회는 남기지 않을 수 있도록 만들었다. 이제 남은 것은 이 책을 읽고 있는 학생들 스스로의 고민과 노력, 치밀하게 준비된 계획과 그 계획을 추진할 수 있는 의지와 실천력이다. 부디 남은 고등학교 생활을 알차고 보람 있게 보내서 자부심을 느낄 수 있는 결과를 안고 졸업식장에 설 수 있기를 바라마지 않는다.

2015년 1월
사랑하는 아내와 함께 대화동 자택 서재에서
조성학

차례

정시 입학 가능 대학 알아보기

내 수능 성적으로 어느 정도 대학교 어느 정도 학과에 입학할 수 있을까?

제1장 공부를 위한 준비물

① 최근 수능 모의고사 성적표
② 정시 배치표

📖 대학입시 제도에 대한 간단한 소개

고등학교에서 담임교사로만 8년을 일했다. 3학년들은 매월 수능 모의고사를 치고, 1, 2학년은 일 년에 두 번(6월, 11월) 수능 모의고사를 친다. 수능 모의고사 점수는 대학 입학에 결정적인 영향을 끼친다. 그런데도 상당수 학생들은 자신의 수능 모의고사 성적에 큰 의미를 부여하지 않는 듯하다. 평소에 수능 공부를 하는 학생들도 찾아보기가 어렵다. 통탄할 노릇이다. 왜냐하면 수능 성적이 어느 정도 이상 나와 주지 않으면 대학 입학을 준비함에 있어 매우 불리할 뿐 아니라, 심리적으로도 매우 불안해지기 때문이다.

현재 우리나라 대학입시는 크게 두 가지 전형이 있다. 모든 대학교들의 모집 시기가 하나로 통일되어 있는, 즉 정해져 있는 '정시'와 모집 시기가 대학교의 자율에 맡겨져 있는, 즉 각 대학교가 수시로 뽑을 수 있는 '수시' 이 두 가지 전형이다.

정시는 사실상 수능 성적만으로 학생을 선발한다(예체능 계열과 같은 특별한 경우 제외). 그래서 정시는 준비하는 방법이 간단하다. 다른 것 다 필요 없고 그냥 수능 성적을 올리면 된다. 반면에 수시는 여러 가지를 가지고 학생을 선발한다. 수시에는 크게 세 가지 방식이 있다. 학생부 교과전형, 학생부 종합전형, 논술전형, 이 세 가지다.

학생부 교과전형은 나의 중간고사 점수와 기말고사 점수, 그리고 수행평가 점수를 합산한 결과, 즉 학교 성적[이것을 정식 명칭으로는 '학교생활기록부 교과 성적(학생부 교과 성적)'이라고 부른다.]을 중점적으로 보고 합격·불합격을 판단하는 전형이다. 일정 수준 이상의 수능 성적을 요구하는 경우도 있고 요구하지 않는 경우도 있다. 이것을 '수능최저학력기준'이라고 부른다. 요즘 들어 학생부 교과전형에서는 수능최저학력기준을 요구하지 않는 대학교가 늘고 있다. 하지만 반드시 그런 것은 아니니 학교별로 수시 모집요강을 잘 확인해야 한다.

학생부 종합전형은 학교 성적(학생부 교과 성적)과 더불어 학생부 비교과 성적, 즉 자율활동, 봉사활동, 동아리활동, 독서활동, 진로활동 등 학교생활기록부에 나오는 모든 기록을 종합적으로 보고 합격·불합격을 판단하는 전형이다. 말 그대로 '학생부에 나오는 모든 기록을 종합적으로 검토하는' 전형이다. 이 전형 역시 일정 수준 이상의 수능최저학력기준을 요구하는 경우도 있고 요구하지 않는 경우도 있다.

논술전형은 나의 논술 실력, 즉 글쓰기 실력을 중점적으로 보고 합격·불합격을 판단하는 전형이다. 이 전형은 거의 대부분의 대학교에서 일정 수준 이상의 수능최저학력기준을 요구한다. 하지만 수능최저학력기준이 없는 경우도 있으니 학교별로 수시 모집요강을 잘 확인해야 한다.

정시와 수시 중 어느 것을 먼저 진행할까? 정답은 수시다. 수시를 먼저 뽑고 나서 정시를 뽑는다. 4년제 대학교 수시 원서는 6개까지만 쓸 수 있다. 만약 내가 낸 원서 6개 중 하나라도 합격이 되면 나는 정시 지원을 할 수 없다. 이게 현재 대한민국 대학입시 제도의 가장 큰 골격이다.

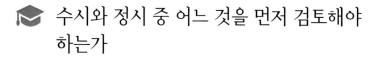# 수시와 정시 중 어느 것을 먼저 검토해야 하는가

자, 그렇다면 여기서 퀴즈 하나. 그럼 수시와 정시 중 어느 것을 먼저 검토해야 할까? 정답은 정시다. 왜 수시를 먼저 하고 정시를 나중에 하는 데 정시를 먼저 검토해야 할까?

그것은 수시에 합격할 경우 정시에는 지원할 수 없다는 '게임의 법칙' 때문이다. 만약 수시에서 A대학교에 합격한 학생이 이 '게임의 법칙'을 무시하고 정시에서 B대학교에 지원해서 합격한 다음 B대학교에 등록하게 되면 어떤 일이 벌어질까? 정답은 'A대학교와 B대학교 모두 합격 취소'이다.

이런 '게임의 법칙' 때문에 대학 입학을 준비하는 고등학생이라면 다음과 같은 합리적인 결론에 도달하게 될 것이다. '어차피 수시에서 불합격하더라도 정시에서 충분히 합격할 수 있는 대학교라면 굳이 수시로 갈 필요가 없다. 수시에서는 정시로는 갈 수 없거나 정시로는 턱걸이 합격할 수 있을 정도의 대학교를 6개 지원하고, 그 6개의 원서가 다 불합격되면 정시에서 승부를 보겠다.'

그러므로 대학 입학을 준비하는 고등학생들은 수시 지원을 검토하기에 앞서 '내가 정시로 가면 어느 정도 학교에 갈 수 있는지'를 검토해야 하고, 따라서 정시전형에 필요한 유일한 성적, 즉 나의 수능 성적으로 어느 정도의 학교에 합격할 수 있는지를 검토해야 한다.

🎓 정시 배치표 보는 법

자, 그럼 내 수능 성적으로 어느 정도 대학교의 어느 정도 학과에 입학할 수 있는지를 알기 위해서 필요한 준비물을 알아보자. 그것은 다음 두 가지다.

① 최근 수능 모의고사 성적표
② 정시 배치표

최근 수능 모의고사 성적표는 담임선생님에게 배부받는 것이므로 누구나 잘 알 것이다. 그런데 정시 배치표? 이건 또 뭔가? 이것은 '어느 대학 어느 학과에 합격하려면 이 정도의 수능 성적이 필요하다(즉 커트라인이 이 정도다.)'고 나와 있는 표다. 한 아름 되는 커다란 사이즈의 종이로 된 것도 있고, 책처럼 편집되어 있는 것도 있다. 진학사, 비타에듀, 메가스터디 같은 입시사이트에 가입해서 내려받거나, 학교에 계시는 선생님(주로 3학년 담임선생님)이 가지고 있는 것을 빌려서 보면 된다.

그런데 문제는 나의 수능 모의고사 성적표와 정시 배치표를 매치시켜서 '내 점수가 이 대학 이 학과의 커트라인을 넘었는가'를 알아내는 것이 쉽지만은 않다는 것이다. 수능 모의고사 성적표에 나오는 점수만 해도 세 가지(원점수, 백분위점수, 표준점수)라서 헷갈린다. 게다가 그 여러 유형의 점수를 각 대학교마다 다른 계산 방식에 따라서(물론 정시 배치표에 그 계산방식이 나오기는 하지만) 계산하는 것도 처음에는 매우 어렵다(실제로 학생들에게 시켜보면 처음에는 잘 못한다). 그래서 입시사이트에서는 이런 계산을 대신 해줄 뿐만 아니라 심지어는 내 점수로 합격 가능한 학교와 학과가 클릭 한 번으로 해결되는 서비스를 제공하기도 한다.

그러나 언제까지 입시사이트에 적지 않은 돈을 갖다 바쳐 가면서 그들의 노예처럼 살아갈 것인가. 적어도 자기 점수는 자기가 계산할 수 있을 정도의 지식은 있어야 어려운 대학 입학의 길을 스스로 개척해 갈 수 있지 않겠는가. 이것도 어찌 보면 매우 기초적인 산수일 뿐이니 겁먹지 말고 다음 예시를 보고 그대로만 계산해 보길 바란다.

예시: 정시 배치표 보는 법

예를 들어 나의 최근 모의고사 성적이 다음과 같다고 하자.

영역		표준점수	백분위	등급
국어		125점	85.50%	3등급
수학		115점	73.50%	4등급
영어		130점	90.50%	2등급
탐구	사회 문화	61점	82.00%	3등급
	세계 지리	60점	81.00%	3등급

만약 내가 국민대학교 국사학과의 커트라인이 알고 싶다면 정시 배치표에서 다음 자료[1]를 찾게 될 것이다(지원가능점수가 정확히 얼마인지 궁금하다면 학교 3학년부 교무실에 비치되어 있는 정시 배치표를 통해서 직접 확인해 보라).

대학명	학과명	지원가능점수	반영영역명	탐구수	활용지표	국어	수학	영어	탐구
국민대	국사학과	△△△	국수영탐	2	백분위	B 30	A 20	B 35	사 15

---

1) '지원가능점수'를 제외한 이 표에 나오는 자료들은 대학별 정시 모집요강에 모두 수록되어 있다. 그러므로 대학교마다 개설해 놓고 있는 입시 안내 사이트에 들어가서 정시 모집요강을 내려받으면 자신의 점수를 얼마든지 계산해 볼 수 있다. 하지만 여러 대학교의 점수 계산 방식을 한 번에 알기 위해서, 그리고 대학마다, 학과마다 다른 지원가능점수를 알기 위해서는 정시 배치표나 정시 배치표에 해당하는 책을 구해서 보는 것이 좋을 것이다. 이 표에 나오는 대학별 수능점수계산방식은 2014학년도 신입생 모집 시의 방식이다.

자, 과연 국민대 국사학과에 지원했을 경우의 나의 점수는 얼마일까? 그것을 알기 위해서 우선 '반영 영역명'을 보자. '국수영탐'이라고 적혀 있다. 이것은 무엇을 의미하는 것인가? 이것은 수능의 4개 영역(국어, 수학, 영어, 탐구) 중 4개 영역의 점수를 모두 합산한다는 의미다(서울권에 있는 여자대학교 중 일부와 서울을 제외한 수도권에 있는 상당수 대학교는 3개 영역의 점수만 합산한다).

그다음, '탐구수' 항목을 보자. '2'라고 적혀 있다. 국어, 수학, 영어와 달리 탐구 영역은 두 과목을 시험 본다. '2'라고 적혀 있는 것은 그 두 과목 모두의 점수를 계산에 집어넣는다는 것을 의미한다.

그다음, '활용지표' 항목을 보자. '백분위'라고 적혀 있다. 나의 수능 모의고사 성적에 나와 있는 세 가지 점수(원점수, 백분위점수, 표준점수) 중 백분위점수로 계산을 하겠다는 의미다. '백분위'점수로 계산하고 '탐구수'가 '2'일 경우 탐구 영역 두 과목의 백분위점수를 합한 다음 2로 나눈 점수가 '탐구 영역 백분위점수'가 된다.

마지막으로, '국어', '수학', '영어', '탐구' 항목을 보자. 영어 대문자 'A', 'B'는 수능 각 영역에서 선택한 유형을 의미한다. 국민대학교 국사학과에 입학하려면 국어 B와 수학 A, 영어 B를 선택해야 한다는 의미다. 탐구는 인문계 학과이므로 당연히 '사', 즉 사회 탐구를 선택해야 한다는 의미이다.

그럼 그 'A', 'B', '사'와 같은 문자 아래에 있는 숫자(30, 20, 35. 15)들

은 또 뭔가? 이것이 가장 골치 아픈 문제가 되는 것들인데, 이것을 가리켜 '수능 영역별 가중치'라고 부른다. 국민대학교 국사학과는 수능 국어 영역의 점수를 30%, 수학 영역의 점수를 20%, 영어 영역의 점수를 35%, 사회 탐구 영역의 점수를 15% 반영해서 전체 점수(100%)를 계산하겠다는 것이다.

이상과 같은 점들을 모두 고려하였을 때, 다음과 같은 공식에 의해서 나의 국민대 국사학과 점수를 계산하게 된다.

---

4 × {0.3 × 국어 백분위 + 0.2 × 수학 백분위 + 0.35 × 영어 백분위
+ 0.15 × (사회탐구 선택1 과목 백분위 + 사회탐구 선택2 과목 백분위) ÷ 2}

이와 같은 공식에 의해서 점수를 계산해 보면 그 결과는 다음과 같다.

$$4 \times \{0.3 \times 85.50 + 0.2 \times 73.50 + 0.35 \times 90.50 + 0.15 \times (82.00 + 81.00) \div 2\}$$
$$= 4 \times \{25.65 + 14.7 + 31.675 + 12.225\}$$
$$= 4 \times 84.25$$
$$= 337$$

자, 드디어 내가 지금의 수능 성적으로 국민대학교 국사학과에 정시 지원할 경우의 성적을 알게 되었다. 내 점수는 337점이다. 정시 배치표를 확인해 보면 알게 되겠지만, 이 점수로는 합격할 확률이 10~20% 정도밖에 안 된다. 국어, 수학, 영어, 탐구 모든 영역에서 4~5%씩 더 성적이 올라가면 합격 가능성이 70% 정도로 바뀔

것이다.

실제 수능에서는 재수생, 삼수생들이 끼어들어서 대체로 3~4% 정도는 백분위점수가 떨어지게 된다는 점을 감안한다면, 내가 국민대 국사학과에 정시로 입학하기 위해서는 수능 4개 영역 모두에서 지금보다 성적이 7~9% 정도씩은 더 올라야 한다.

다음으로 만약 내가 서울시립대학교 국사학과의 커트라인이 알고 싶다면 정시 배치표의 다음 자료를 찾을 수 있다.

대학명	학과명	지원 가능 점수	반영 영역명	탐구수	활용 지표	국어	수학	영어	탐구
서울 시립대	국사학과	□ □ □	국수영탐	2	표+백	B 28.6	A 28.6	B 28.6	사과 14.2

지원가능점수를 보면 '400', '500'을 넘는 점수가 적혀 있다. '이건 뭐지? 난 겨우 337점인데…' 이런 오해가 없길 바란다. 저렇게 갑작스럽게 지원가능점수가 높아진 것은 '활용지표'가 달라졌기 때문이다. 이 대학교는 활용지표로 사용하는 점수가 '백분위'가 아니라 '표+백'이다. '표+백'점수는 각 대학교별로 달라지는 점수이지만 대체로 '표준점수'와 같은 방식으로 계산하면 된다.

쉽게 이야기해서 나의 수능 모의고사 성적에 나와 있는 세 가지 점수(원점수, 백분위점수, 표준점수) 중 표준점수로 계산을 하겠다는 의미다. 이 '표준점수' 혹은 '표+백'점수로 계산할 경우 탐구 영역의 두 과목의 표준점수를 그대로 합산하면 된다. 앞의 '백분위'점수로 계산할 때는 탐구 영역의 두 과목 백분위점수를 합한 후 2로 나누었지만 '표준점수'나 '표+백'으로 계산할 때는 2로 나눌 필요가 없다는 말이다.

영역별 가중치는 국어, 영어, 수학이 모두 28.6%고 탐구 영역은 14.2%다. 서울시립대 국사학과는 탐구보다는 국어, 영어, 수학을 잘 하는 학생을 뽑고 싶어 하는 것 같다.

마지막으로 주목할 점 한 가지. '탐구' 항목의 아래쪽에 '사과'라고 적혀 있는 것은 수능시험에서 반드시 사회 탐구를 선택하지 않고 과학 탐구를 선택했어도 지원할 수 있다는 말이다. 자연계 학생들 중 갑작스럽게 국사학과에 입학하고 싶은 학생들도 서울시립대에서는 받아준다는 의미다.

이상과 같은 점들을 모두 고려하였을 때, 다음과 같은 공식에 의해서 나의 서울시립대 국사학과 점수를 계산하게 된다.

$$4 \times \{0.286 \times \text{국어 표준점수} + 0.286 \times \text{수학 표준점수} + 0.286 \times \text{영어 표준점수} + 0.142 \times (\text{사회탐구 선택 1 과목 표준점수} + \text{사회탐구 선택 2 과목 표준점수})\}$$

이와 같은 공식에 의해서 나의 점수를 계산해 보면 그 결과는 다음과 같다.

$4 \times \{0.286 \times 125 + 0.286 \times 115 + 0.286 \times 130 + 0.142 \times (61 + 60)\}$
$= 4 \times \{35.75 + 32.89 + 37.18 + 17.182\}$
$= 4 \times 123.002$
$= 492.008$

자, 드디어 내가 지금의 수능 성적으로 서울시립대학교 국사학과에 정시 지원할 경우의 성적을 알게 되었다. 내 점수는 약 492점이다. 이 점수로는 합격할 확률이 10%도 안 된다. 국어, 수학, 영어, 탐구 모든 영역에서 4~5%씩 더 성적이 올라가면 합격 가능성이 50% 정도로 바뀔 것이다. 실제 수능에서는 재수생, 삼수생들이 끼어들어서 대체로 3~4% 정도는 백분위점수가 떨어지게 된다는 점을 감안한다면, 내가 서울시립대 국사학과에 정시로 입학하기 위해서는 수능 4개 영역 모두에서 지금보다 10% 이상 더 성적이 올라야 한다.

아니, 서울권에 있는 대학교의 국사학과 정시 입학 성적이 이렇게 높았단 말이야? 정시 지원 시 합격 가능한 학교를 찾아보기 위해서 정시 배치표를 뒤적이던 나는 수원대학교 사학과의 정시 커트라인을 알아보기로 했다.

대학명	학과명	지원 가능 점수	반영 영역명	탐구수	활용 지표	국어	수학	영어	탐구
수원대	사학과	◇◇◇	국수영탐	1	백분위	AB 30	AB 20	AB 30	사과직 20

이 경우 역시 얼핏 보면 '국수영탐', '백분위' 등 국민대 국사학과와 거의 모든 항목이 같다. 하지만 '탐구수'에서 확연한 차이가 보인다. '2'가 아니라 '1'이다. 탐구 영역의 두 과목 중 백분위 성적이 가장 좋은 한 과목의 백분위점수만 계산에 집어넣는다는 의미다. 영역별 가중치도 국민대와는 약간 다르다. 그리고 또 한 가지. 사회 탐구, 과학 탐구뿐 아니라 직업 탐구를 선택한 특성화고 학생들도 지원할 수 있다.

이상과 같은 점들을 모두 고려하였을 때, 다음과 같은 공식에 의해서 나의 수원대 사학과 점수를 계산하게 된다.

$$4 \times (0.3 \times \text{국어 백분위} + 0.2 \times \text{수학 백분위} + 0.3 \times \text{영어 백분위} + 0.2 \times \text{사회탐구 선택 과목 중 성적이 더 좋은 과목의 백분위})$$

이와 같은 공식에 의해서 나의 점수를 계산해 보면 그 결과는 다음과 같다.

$$4 \times (0.3 \times 85.5 + 0.2 \times 73.5 + 0.3 \times 90.5 + 0.2 \times 82.0)$$
$$= 4 \times (25.65 + 14.7 + 27.15 + 16.4)$$
$$= 4 \times 83.9$$
$$= 335.6$$

자, 드디어 지금의 수능 성적으로 합격이 예상되는 학교를 찾아냈다. 수원대학교 사학과에 정시 지원할 경우의 내 점수는 약 336점이다. 정시 배치표에 나온 지원가능점수보다 내 점수가 수십 점을 상회함을 확인할 수 있다. 이 정도면 합격을 90% 이상 예상할 수 있다.

합격할 수 있는 학교를 하나 찾았으니, 이참에 하나 더 찾아보도록 하자. 나의 수능 성적 중 가장 성적이 좋지 않은 영역은 수학영역이다. 이런 경우 서울권 여자대학교를 알아보는 것이 좋다(이런 케이스에 속하는 남학생들에게는 유감을 표하는 바다). 서울권 여자대학교의 경우 수학 영역의 성적을 반영하지 않아도 되거나, 반영하더라도 수학의 영역별 가중치가 그리 높지 않은 학교가 몇 군데 있기 때문이다. 덕성여대의 경우를 살펴보자.

대학명	학과명	지원 가능 점수	반영 영역명	탐구수	활용 지표	국어	수학	영어	탐구
덕성 여대	사학과	▽▽▽	국영 (수/탐) 중 택 1	2	백분위	AB 40	AB (20)	AB 40	사과 (20)

이 경우 '반영 영역명'에서 뭔가 새로운 것이 있음을 쉽게 알 수 있다. 앞서 이야기했던 것처럼, 덕성여대는 수학 성적을 반영하지 않아도 되게끔 계산 방식을 만들어 두었다(수학 성적이 다른 과목에 비해서 낮은 여학생들을 위한 배려인 것으로 보인다). '국수영탐'이 아니라 '국영(수/탐) 중 택 1'이다. 이것은 국어와 영어 영역은 반드시 계산에 집어넣고, 괄호 안에 있는 수학 영역과 탐구 영역은 둘 중 점수가 더 높은 것 한 가지만 선택하면 된다는 것을 의미한다. 수학을 0점 받아도 탐구 영역에서 고득점하면 점수 계산에는 아무런 불이익이 없다는 의미다.

국어와 영어에는 가중치를 40% 주었으나 수학이나 탐구에는 20%만 주었다. 가중치에 괄호가 쳐져 있는 것은 둘 중 하나를 선택하면 된다는 점을 재확인해 주는 것이다.

이상과 같은 점들을 모두 고려하였을 때, 나는 다음과 같은 공식에 의해서 나의 덕성여대 사학과 점수를 계산하게 된다.

$$3 \times \{0.4 \times \text{국어 백분위} + 0.4 \times \text{영어 백분위} + 0.2 \times (\text{사회탐구 선택 1 과목 백분위} + \text{사회탐구 선택 2 과목 백분위}) \div 2\}$$

수능 4개 영역 중 세 개 영역만 점수에 반영하기 때문에 공식의 맨 앞에 나오는 숫자가 '4'가 아니라 '3'이다. 이러한 공식에 의해서 나의 점수를 계산해 보면 그 결과는 다음과 같다.

$3 \times \{0.4 \times 85.5 + 0.4 \times 90.5 + 0.2 \times (82 + 81) \div 2\}$
$= 3 \times \{34.2 + 36.2 + 16.3\}$
$= 3 \times 86.7$
$= 260.1$

자, 드디어 지금의 수능 성적으로 50% 정도의 합격이 예상되는 서울권 대학교를 찾았다. 내가 덕성여자대학교 사학과에 정시 지원할 경우의 점수는 약 260점이다. 정시 배치표에 나온 지원가능 점수는 대체로 내 점수보다 약간 더 낮을 것이다. 3개 영역 모두에서 3~4%씩 더 떨어져도 합격 확률이 50% 정도는 있을 것이다. 실제 수능에서는 재수생, 삼수생들이 끼어들어서 대체로 3~4% 정도는 백분위점수가 떨어지게 된다는 점을 감안한다면, 지금의 내 수능 성적으로 정시 지원해서 합격할 가능성이 50% 정도 되는 학교는 덕성여대임을 알게 되었다. 그럼 지금부터는 덕성여대보다 더 정시 커트라인이 높은 학교의 수시 합격의 길을 찾아보자.

나에게 맞는 대학별 수시전형 알아보기

내 수능 성적, 학교생활기록부는 수시에서 어떤 전형에 지원하는 것이 유리할까?

제2장 공부를 위한 준비물

① (나의) 학교생활기록부
② 2015학년도 중앙대학교 수시 모집요강
③ 2015학년도 서울시립대학교 수시 모집요강

🎓 수시전형의 유형

지금까지의 과정을 통해서 현재 내가 정시에서 합격 가능한 대학교와 학과를 알게 되었을 것이다. 그럼 이제 나에게 유리한 수시전형은 어떤 것인지를 찾아야 한다. 그런데, 그것을 어떻게 찾을까?

나에게 맞는 수시전형을 찾는 이 작업은 굉장히 고되고 속도가 느린 작업이다. 왜냐하면 수시전형 방식이 학교마다 다르기 때문이다. 우리나라에 2천 개 이상의 수시전형이 존재한다는 뉴스가 보도될 정도로 다양하다. 그래서 학생과 학부모는 자신에게 유리한 전형이 어떤 것인지를 찾다가 힘에 부치면 결국 사설 입시컨설팅 회사의 문을 두드려 한 시간에 수십만 원씩 하는 수업료를 내고 그들의 도움을 구하게 된다. 이 무슨 개떡 같은 현실인가. 돈 수십만 원이 옆집 개 이름인가. 요즘 서민들의 주머니 사정도 다들 좋지 않은데 수십만 원씩 들여서 그런 입시컨설팅을 받는다는 것이 말이나 되는가. 이 책에서는 그런 데 헛돈 들이지 않아도 되는 방법을 소개한다.

1장에서 밝혔듯이 수시에는 크게 세 가지 방식이 있다. 수천 가지의 수시전형이 있다고는 하지만, 거의 대부분 ① **학생부 교과전**

형, ② **학생부 종합전형**, ③ **논술전형**의 세 가지 방식을 벗어나지 않는다.[2]

① 학생부 교과전형

학생부 교과전형은 나의 중간고사 점수와 기말고사 점수, 그리고 수행평가 점수를 합산한 결과, 즉 학교 성적을 중점적으로 보고 합격·불합격을 판단하는 전형이다. 일정 수준 이상의 수능 성적을 요구하는 경우도 있고 요구하지 않는 경우도 있다. 이것을 '수능최저학력기준'이라고 부른다. 최근에는 거의 대부분의 학교에서 수능최저학력기준을 요구하지 않고 있다.

그렇다면 이 전형은 학교 시험 성적과 수행 평가 성적만으로 학생을 선발한다는 이야기가 된다. 이게 사실일까? 하는 의심을 품는 사람들이 많을 줄로 안다. 하지만 사실이다. 정말로 학교 성적만으로 학생들을 뽑는다. 그렇다면 이 전형으로 어느 정도의 학생

---

2) 이러한 방식 이외에도 농어촌에 지속적으로 거주했던 학생들을 대상으로 하는 농어촌학생전형, 국가유공자 자녀나 20년 이상 군인으로 복무한 자의 자녀, 혹은 기초생활보호대상자 자녀 등을 대상으로 하는 사회적배려대상자전형, 외국어나 과학 분야에서 특출한 실력을 보유한 학생들을 대상으로 하는 특기자전형 등이 있으나 이런 전형은 일반적인 학생들이 지원하기가 거의 불가능하므로 이 책에서는 자세히 다루지 않는다. 이런 경우에 해당하는 학생이 있으면 각 학교의 수시 입시요강을 잘 참조하고 담임선생님과의 심도 있는 상담을 통해서 해당 전형에 지원할지 말지를 결정해야 한다.

들을 뽑을까? '매우 적게 뽑는다.' 서울권 대학들의 경우 특정 학과의 입학 정원이 50명이라면 대략 3명 정도를 이 전형(학생부 교과전형)으로, 학생부 종합전형으로는 약 13명 정도를, 논술전형으로는 약 17명 정도를 뽑는다. 마지막으로 정시전형으로 약 17명 정도를 뽑는다. 한마디로 이야기해서 학생부 교과전형은 '찔끔' 뽑는다.

그 이유가 무엇인지 짐작할 수는 있으나 단정적으로 이야기하기는 힘들다. 그러므로 여기서 그 이유가 무엇인지에 대해서는 말하지 않겠다. 다만 학생부 교과전형에서 합격하려면 어느 정도의 학교 성적이 필요한지에 대해서만 말하겠다.

결론부터 이야기하자면, 이 전형으로 합격하려면 매우 높은 수준의 학교 성적을 받아야 한다. 서울 중상위권 이상 되는 대학교를 이 전형으로 합격하기 위해서는 거의 완벽에 가까운 학교 성적, 즉 1, 2, 3학년 전 학년의 학교 내신 등급의 평균이 1.0~1.2 정도여야 한다. 학교 내신 등급이 1.2 정도 되는 학생들이 탈락의 고배를 마시는 경우도 흔하다. 서울 하위권 대학교의 경우도 1.5~1.8 정도의 내신 등급이 필요하다.

왜 이렇게 높은 성적이 필요할까? 그것은 여러 부류의 학생들이 적은 수의 인원을 뽑는 이 전형에 달려들기 때문이다. 학교에서 전교 10등 안에 드는 학생들 중 상당수가 수시에서 쓸 수 있는 6장의 원서 중 1, 2장 정도를 이 전형에 쓴다. 이런 유형의 학생들은 대체로 학생부 비교과 성적이 잘 관리되어 있고 글쓰기 실력도 좋은 편이어서 학생부 종합전형이나 논술전형에도 강점을 보이고 수능 성적도 좋은 편이다.

그럼에도 불구하고 이 전형에 원서 1장을 밀어 넣는 이유는 '되면 좋고 안 되면 말고'라는 심리 때문이다. 또 다른 부류의 학생들은 '수능에는 약하나 학교 내신에는 강한'유형의 학생들이 '죽기 아니면 까무러치기'식으로 이 전형에 수시 원서를 밀어 넣는 경향이 있어서다.

이 유형의 학생들은 정시까지 가면 자신이 서울 하위권 대학에도 합격할 가능성이 없다는 것을 알기에 수시에서 승부를 보기 위해서 거의 완벽에 가까운 내신 성적, 즉 1.0~1.2 정도의 내신 등급을 갖고 있음에도 불구하고 서울 하위권 대학에 학생부 교과전형으로 원서를 3, 4장씩 밀어 넣는 경우가 있다. 이렇게 되면 학과마다 기껏 3명 정도를 뽑는 이 전형의 합격 커트라인이 어떻게 되겠는가. 그야말로 '천정부지'로 상승하게 되는 것이다.

자, 그렇다면 결론은 나온 것으로 보인다. 내가 학생부 교과전형에 지원해도 될지를 알고 싶으면 자신의 학교 내신 성적을 잘 살펴보라. 이 전형은 1.0~1.8 정도로 학교 내신 등급이 잘 유지된 학생들에게만 해당사항이 있다고 보면 된다. 학생부 종합전형이나 논술전형에도 강점을 보이고 수능 성적도 좋은 편이라면 자신이 진짜 입학을 희망하는 학교에 1장 정도 써 보기를 바란다. 반대로 '수능에는 약하나 학교 내신에는 강한' 유형의 학생이라면 2, 3장 정도를 써 보기를 바란다.

② 학생부 종합전형

학생부 종합전형은 학교 성적(학생부 교과 성적)과 더불어 학생부 비교과 성적, 즉 자율활동, 봉사활동, 동아리활동, 독서활동, 진로활동 등 학교생활기록부에 나오는 모든 기록을 종합적으로 보고 합격·불합격을 판단하는 전형이다. 말 그대로 '학생부에 나오는 모든 기록을 종합적으로 검토하는' 전형이다. 이 전형 역시 일정 수준 이상의 수능최저학력기준을 요구하는 경우도 있고 요구하지 않는 경우도 있다.

최근에는 거의 대부분의 학교에서 수능최저학력기준을 요구하지 않고 있다. 따라서 이 전형은 수능 성적은 잘 나오지 않지만 학교 내신 성적(학생부 교과 성적)이 우수하고 학생부 비교과 영역(독서활동, 동아리활동, 봉사활동, 진로활동 등)의 관리가 잘 되어 있는 학생에게 유리하다.

이 전형의 가장 큰 특징은 단순히 학교 공부만 잘 해서는 합격할 수 없다는 데 있다. 학교 내신 성적이 좋은 것은 물론이고 다양한 영역에서 자발적, 적극적인 노력을 통해서 점차 성숙한 인격체로 성장해 가는 과정이 보여야 한다는 말이다.

대체로 학교 내신 등급이 2.5~3.0 등급 정도 이내면 '결과로서의 학교 성적'은 잘 유지된 것으로 판단하고 학교에서 공부했던 과정과 그로부터 얻게 된 점, 그리고 학교에서 했던 공부 이외의 다른 활동들의 과정과 그로부터 얻게 된 점 등을 종합적으로 검토해서 합격자를 가려낸다. 여러 명의 입학사정관이 학생이 제출한 자기소개서와 교사가 제출한 교사추천서, 그리고 전산을 통해서 자동 제출된 학교생활기록부의 내용, 그리고 면접 결과를 종합적으로 검토한 다음 입학사정관끼리의 토론과 합의를 통해서 합격자를 가려낸다.

자, 그렇다면 결론은 무엇일까. 내가 학생부 종합전형에 지원해도 될지를 알고 싶으면 우선 자신의 내신 등급이 최소한 2.5~3.0 정도는 되는가를 따져 보라. 그 조건이 충족된다면 나의 학교생활기록부 비교과 영역(독서활동, 동아리활동, 봉사활동, 진로활동 등)의 관리가 잘 되어 있는지를 따져 보라. 그것이 잘 되어 있다면 학생부 종합전형에 2, 3장 정도의 수시 원서를 쓰는 것을 생각하라.

만약 내신 등급 2.5~3.0 이상이 되지만 학생부 비교과 영역이 잘 관리되어 있지 않다면 지금부터 3학년 1학기가 끝날 때까지 학생부 비교과 영역을 잘 관리해서 학생부 종합전형에 지원할 수 있게 될지를 잘 생각해 보라. 만약 가능할 것 같다면 지금이라도 당장 계획을 세우고 추진하라. 그것이 아니라면 수능시험과 논술전형 준비로 방향을 틀어라.

③ 논술전형

논술전형은 나의 논술 실력, 즉 글쓰기 실력을 중점적으로 보고 합격·불합격을 판단하는 전형이다. 이 전형은 거의 대부분의 대학교들이 일정 수준 이상의 수능최저학력기준을 요구한다. 하지만 수능최저학력기준이 없는 경우도 있으니 학교별로 수시 입시요강을 잘 확인해야 한다. 이 전형에 있어서 학생부 교과 성적, 즉 학교 내신 성적은 실질적으로 거의 반영되지 않는다.

그러므로 수능 성적이 각 대학별로 요구하는 수능최저학력기준을 넘는 학생들 중 글쓰기 실력이 좋은 학생들의 경우 학교 내신 성적이 좋지 않더라도 응시해볼 만한 전형이라고 할 수 있다. 수능최저학력기준이 없는 학교의 경우라면 다른 것 다 필요 없고 글쓰기 실력만 좋으면 합격을 기대할 수 있는 전형이다. 이와 같은 케이스에 해당한다면 논술전형에 수시 원서 1~3장 정도를 쓰는 것을 검토해 보도록 한다.

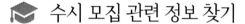 수시 모집 관련 정보 찾기

자, 지금까지 수시전형의 세 가지 유형에 대해서, 그리고 나에게 적합한 수시전형의 유형은 어떤 것인지를 대략 살펴보았다. 지금부터는 대학마다 다른 수시 모집 관련 정보를 어떻게 찾는지를 알아보자.

우선 내가 진학하고자 하는 학과가 있는 대학교를 찾아내야 한다. 이것은 전국에 있는 모든 고등학교의 3학년부 교무실마다 한 권씩은 비치되어 있는 '진로탐색'을 주제로 한 책을 보면 찾아낼 수 있다. 그렇게 찾아낸 대학교들 중 내가 입학하기 원하는 학교를 메모지에 적는다. 그런 다음 네이버나 다음과 같은 포털 사이트 검색창에 그 대학교의 이름을 써 넣고 엔터를 친다. 그러면 그 대학교의 홈페이지와 함께 그 대학교의 '입학 안내(혹은 입학처)'사이트를 클릭할 수 있는 화면이 나온다. 거기서 입학 안내 사이트로 바로 이동해서 수시 모집요강을 내려받는다. 그렇게 내려받은 수시 모집요강에는 수시 모집과 관련된 모든 정보가 들어 있다. 이런 과정을 입학하고자 하는 모든 대학교마다 한 번씩 거쳐서 나에게 가장 유리한 수시전형 6개를 찾아내도록 한다.

🎓 나에게 맞는 수시전형 찾기

예시 1: 2015학년도 중앙대

자, 그럼 실제로 나에게 맞는 수시전형을 찾는 과정이 어떻게 이루어지는지를 살펴보자. 2015학년도 중앙대를 예로 설명해 보겠다. 2015학년도 중앙대학교 수시 모집요강을 인터넷을 통해서 내려받아 보면 크게 여섯 가지의 수시전형이 있다는 것을 알 수 있다.

지금부터 각 전형마다 어떤 조건을 요구하고 어떤 방식으로 점수를 계산하는지 알아보자. 그런 다음 나에게 맞는 수시전형은 어떤 것인지를 결론지어보자(이 부분을 제대로 이해하기 위해서 2015학년도 중앙대학교 수시 모집요강을 함께 보는 것이 좋을 것이다).

① 학생부 교과전형

이 전형은 학생부 성적만을 보고 학생을 선발한다. 수시 모집요강에는 학생부 교과를 70%, 학생부 비교과를 30% 반영한다고 적혀 있지만, 실제로는 학생부 교과 성적만 본다고 볼 수 있다. 왜냐하면 중앙대학교 수시 모집요강(2015학년도)의 후반부에 나와 있는 학교생활기록부 반영 방법을 보면 학생부 비교과 성적은 무단결석 일수와 봉사활동시간으로 성적을 매기는데, 무단결석일수가 3일까지면 만점이고, 봉사활동시간은 20시간이면 만점이다.

학생들 중 고등학교 3년 동안 무단결석을 3일씩이나 하는 학생이 과연 몇 명이나 있을 것이며 봉사활동을 3년 동안 20시간도 못할 학생은 또 몇 명이나 있을 것인가. 이것은 실질적으로는 학생부 비교과는 거의 모든 학생을 만점으로 처리하고 나서 학생부 교과 성적으로만, 즉 학교 내신 성적으로만 합격·불합격을 판별하겠다는 의미다.

단, 하나 더 합격자와 불합격자를 구분하는 기준이 있는데, 그것이 바로 수능최저학력기준이다. 이 전형에서 인문계는 수능 4개 영역(국어, 수학, 영어, 탐구) 중 3개 영역 등급의 합이 6 이내, 자연계는 수능 4개 영역(국어, 수학, 영어, 탐구) 중 2개 영역이 2등급 이내여야 한다.

따라서, 이 전형은 수능 성적이 2, 3개 영역에서 2등급 이상을 받으면서 학교 내신 등급이 1.0~1.2 정도로 관리되어 있는 학생들이 지원해볼 만하다.

② 학생부 종합전형

이 전형은 학교생활기록부, 자기소개서, 교사추천서를 보고 학생을 뽑는다. 이때 교과 성적(학교 중간고사, 기말고사, 수행평가 점수를 합산해서 결정되는 수치화시킬 수 있는 성적)과 비교과 성적(교과 성적이 아닌 성적, 출결사항과 같이 '무단결석 1회, 무단지각 2회'와 같은 방식으로 수치화시킬 수 있는 것이나, 동아리활동이나 독서활동처럼 수치화시킬 수는 없지만 학생 개개인이 경험을 통해서 성취한 것을 글로 적은 것)을 종합적으로 평가해서 1단계 합격자를 선발한 후(1단계=서류 100%), 2단계에서는 1단계 성적을 70%, 면접 성적을 30% 반영해서 최종 합격자를 선발한다. 수능최저학력기준은 없다. **따라서 수능 성적과 관계없이, 학교 내신 등급이 3.0 이상 되면서 동아리활동, 봉사활동, 진로활동, 독서활동, 학교 대회 참가 및 수상 등이 잘 이루어진 학생들이 노려볼 만한 전형이다.**

이런 학생들은 학생부를 지속적으로 잘 관리하고 학교와 희망 학과에 최적화된 자기소개서를 미리 만들어 둔 상태에서 지속적으로 업데이트하면서 대학 입학을 준비하는 것이 좋다. 또한 교사추천서를 써 주실 선생님을 1~2학년 때 미리 정해 두는 것이 좋다. 자신의 진로 희망과 그에 대한 노력, 공부 스타일, 생활 습관, 인성, 각 분야에 있어서의 장점과 단점 등을 잘 알고 있는 선생님일수록 교사추천서의 내용을 풍성하게 써줄 확률이 높기 때문이다.

또한 시간적인 측면에서도 제출 기한이 오기 몇 달 전에 미리 작성해 두었다가 한 달 단위로 계속 업데이트하는 것이 제출 기한 1~2주 전에 작성해서 부랴부랴 내는 것보다 더 좋다. 생각해 보라. 몇 년에 걸친 상담과 관찰 결과 만들어내고 한 달 단위로 업데이트한 교사추천서와 시간에 쫓겨서 1~2주 만에 '뚝딱' 만들어낸 교사추천서 중 어느 것의 내용이 더 풍성하겠는가?

③ 고른 기회 전형

이 전형은 농어촌거주학생, 기초생활수급대상자 등 사회적인 배려가 필요한 학생들에 한해 지원 자격이 정해졌다는 점이 특징이다. 그 외의 선발 방식은 학생부 종합전형의 선발 방식과 동일하다. 수능최저학력기준이 없고 학생부, 자기소개서, 교사추천서를 제출받아서 1차 합격자를 선발하고 면접을 통해서 2차 합격자를 선발한다.

따라서 수능 성적과 관계없이, 학교 내신 등급이 어느 정도 유지되면서 자신이 처해 있는 불리한 환경을 잘 극복하는 과정이 제출 서류에 잘 나타나고 동아리활동, 봉사활동, 진로활동, 독서활동, 학교 대회 참가 및 수상 등이 잘 이루어진 학생들이 노려볼 만한 전형이다.

④ 논술전형

 학생부 종합전형이 총 750명(일반형 442명, 심화형 308명)인 데 비해 논술전형의 선발인원은 981명이다. 따라서 중앙대학교에서 논술전형은 다른 전형에 비해서 상대적으로 선발 인원이 많은 전형이다. 학생들이 입학을 선호하는 이른 바 '상위권'대학교들이 대체로 이러한 경향을 보이므로 '상위권'대학 입학을 노리는 학생들은 논술전형에 응시하는 비율이 높은 편이다.

 학생부 성적을 40% 반영한다고는 하지만, 학생부 성적은 거의 영향을 미치지 못하고[학생부 반영 방법을 보면 국어, 영어, 수학, 사회(혹은 과학) 교과 중 가장 성적이 좋은 10개 과목의 성적만 반영하고, 그나마도 교과 성적이 '모두 1등급(만점)'인 경우와 7등급의 경우의 점수 차이가 10점 만점 기준으로 0.4점에 불과하기 때문이다. 비교과 성적 반영 방식을 보면 무단결석도 3일까지만 하고, 봉사활동도 20시간만 하면 만점이다.], 논술 성적과 수능 성적을 통해서 합격자를 선발하는 전형이다[이 전형에서 인문계는 수능 4개 영역(국어, 수학, 영어, 탐구) 중 3개 영역 등급의 합이 6 이내, 자연계는 수능 4개 영역(국어, 수학, 영어, 탐구) 중 2개 영역이 2등급 이내여야 한다]. 학생부 종합전형과는 달리 수능최저학력기준이 있다.

 따라서 학생부 성적은 그리 좋지 않으나, 수능시험에서 특정 몇 개 영역(인문계의 경우 3개 영역, 자연계의 경우 2개 영역)에서 좋은 성적을 받는 학생들 중 논술시험에 강점이 있는 학생들에게 유리한

전형이다. 이런 학생들은 수능시험에서 실수로 등급이 하강하는 일을 방지하도록 노력하고, 논술시험을 언제부터 어떻게 준비할 지 계획을 세워 두거나, 평소에 논술시험 준비를 꾸준히 해 둘 필요가 있다.

⑤ 특기자전형

이 전형은 외국어에 능통하거나(인문계), 과학, 의학에 뛰어난 재능과 성취를 보이는(자연계) 학생들에게 유리한 전형이다. 수능최저학력기준은 없다. 입학원서, 자기소개서와 학생부를 통해서 자신의 특기(재능, 성취)를 밝히고 서류를 통해서 그것을 입증해야 한다. 여기까지가 평가 점수의 40%를 차지한다. 나머지 60%는 '사고력평가'라고 하는 시험을 통해서 결정된다. 인문계 학생들은 자신의 외국어 능력을 입증할 '외국어 에세이'를, 자연계 학생들의 경우 자신의 과학, 의학에 있어서의 재능을 입증할 '수리과학논술'을 써야 한다.

따라서 이 전형은 외국어, 과학, 의학에 특출한 재능을 갖고 있는 학생들에게 유리하다. 이 전형에 지원하기 위해서는 평소 학생부에 자신의 재능이 잘 나타날 수 있도록 관리하고 자기소개서의 내용을 입증할 수 있는 서류를 잘 준비해야 한다. 또한, 외국어 에세이와 수리과학논술시험 준비도 잘 되어 있어야 한다.

⑥ 실기 전형

이 전형은 연극, 영화, 미술, 음악, 디자인, 체육 등 예체능 계열의 학생들 중 실기에 강하거나 각종 대회, 영화에서 두각을 나타낸 사람들에게 유리한 전형이다. 구체적인 선발 방식, 특히 실기시험 방식이 수시 모집요강에 자세하게 안내되어 있으니 참고하기 바란다.

예시 2: 2015학년도 서울시립대

자, 그럼 두 번째로 서울시립대에 대해서 알아보자. 2015학년도 서울시립대학교 수시 모집요강을 인터넷을 통해서 내려받아 보면 크게 세 가지 수시전형이 있다는 것을 알 수 있다.

지금부터 각 전형마다 어떤 조건을 요구하고 어떤 방식으로 점수를 계산하는지를 알아보자. 그런 다음 나에게 맞는 수시전형은 어떤 것인지를 결론지어보자.

① 논술전형

이 전형은 응시(지원)에 제한 조건이 붙은 전형이다. 학교장 추천을 받아야 하기 때문이다. 추천 가능 인원은 학년 전체 인원의 2%까지 이다. 학년 전체 인원이 450명이라면 그 학교에서 9명까지만 추천을 받아 이 전형에 응시(지원)할 수 있다(450명×0.02=9명). 학생부는 전혀 반영하지 않고 논술 성적만 100% 반영하여 합격자를 가린다. 수능최저학력기준이 있다(다음 표 참조).

계열	대학수학능력시험 최저조건
인문계열	국어B, 수학A, 영어, 사회/과학탐구(2과목 평균) 영역 중 상위 2개 등급합 4 이내 ※ 사회탐구 영역 반영 시 제2외국어 및 한문은 포함하지 않음
자연계열	국어A, 수학B, 영어, 과학탐구(2과목 평균) 영역 중 상위 2개 등급합 4 이내

따라서 학생부 성적은 그리 좋지 않으나, 수능시험에서 특정 2개 영역에서 좋은 성적을 받는 학생들 중 논술시험에 강점이 있는 학생들(즉 수능의 모든 영역에서 고르게 성적이 잘 나오지 않는 학생들)에게 유리한 전형이다. 이런 학생들은 수능시험에서 실수로 등급이 하강하는 일이 없도록 노력하고, 논술시험을 언제부터 어떻게 준비할지 계획을 세워 두거나, 평소에 논술시험 준비를 꾸준히 해 둘 필요가 있다.

② 학생부 종합전형

이 전형은 학교생활기록부, 자기소개서, 교사추천서를 보고 학생을 뽑는다. 이때 교과 성적(학교 중간고사, 기말고사, 수행평가 점수를 합산해서 결정되는 수치화시킬 수 있는 성적)과 비교과 성적(교과 성적이 아닌 성적, 출결 사항과 같이 '무단결석 1회, 무단지각 2회'와 같은 방식으로 수치화시킬 수 있는 것도 있고, 동아리 활동이나 독서 활동처럼 수치화시킬 수 없고, 학생 개개인이 경험을 통해서 성취한 것을 글로 적은 것도 있다.)을 종합적으로 평가해서 1단계 합격자를 선발한 후(1단계=서류 100%), 2단계에서는 면접 성적만을 100% 반영해서 최종 합격자를 선발한다.

게다가 수능최저학력기준이 없으므로 **수능 성적과 관계없이, 교과 성적이 3.0 이상 되면서 동아리활동, 봉사활동, 진로활동, 독서활동, 학교 대회 참가 및 수상 등이 잘 이루어지고, 특히 면접에 강한 학생들이 노려볼 만한 전형이다.**

이런 학생들은 학생부를 지속적으로 잘 관리하고 학교와 희망 학과에 최적화된 자기소개서를 미리 만들어 둔 상태에서(수시 모집요강에 학과별로 어떤 학생들을 원하는지를 모두 밝혀 두었음을 잘 활용할 것) **지속적으로 업데이트하면서, 그리고 면접시험을 언제부터 어떻게 준비할지 계획을 세워 두거나, 평소에 면접시험 준비를 꾸준히 하며 대학 입학을 준비하는 것이 좋다.**

③ 고른 기회 입학전형(사회적 배려 대상자 등)

이 전형은 농어촌거주학생, 기초생활수급대상자 등 사회적인 배려가 필요한 학생들에 한해 지원 자격이 정해졌다는 점이 특징이다. 그 외의 선발 방식은 학생부 종합전형의 선발 방식과 동일하다. 수능최저학력기준이 없고 학생부, 자기소개서, 교사추천서를 제출받아서 1차 합격자를 선발하고 면접을 통해서 2차 합격자를 선발한다.

따라서 수능 성적과 관계없이, 학교 내신 등급이 어느 정도 유지되면서 자신이 처해 있는 불리한 환경을 잘 극복하는 과정이 제출 서류에 잘 나타나고 동아리활동, 봉사활동, 진로활동, 독서활동, 학교 대회 참가 및 수상 등이 잘 이루어진 학생들이 노려볼 만한 전형이다.

제3장

학생부 종합전형 준비 방법

제3장 공부를 위한 준비물

① (나의) 학교생활기록부
② (입학을 희망하는 대학교의) 자기소개서 양식
③ (입학을 희망하는 대학교의) 교사추천서 양식

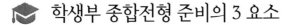

학생부 종합전형 준비의 3 요소

자, 그럼 이번 장에서는 학생부 종합전형을 준비하는 방법을 구체적으로 알아보자. 학생부 종합전형을 준비하기 위해서는 다음 세 가지를 잘 관리하고 완성해야 한다.

① 학교생활기록부
② 자기소개서
③ 교사추천서

이 중 자기소개서는 학생인 내가 작성하는 것이지만, 학교생활기록부는 각 학년 담임선생님이 작성하는 것이고, 교사추천서는 나를 가장 잘 아는 선생님이 작성하는 것이다. 그러나 이 세 가지 서류를 서로 다른 사람들이 완전히 독립적으로 제각각 작성하는 것은 바람직하지 않다. 어디까지나 학생과 선생님 사이의 지속적이고도 긴밀한 대화와 상담, 그로부터 형성된 신뢰 관계를 바탕으로 세 가지 서류가 서로 잘 매치되고 상호 보완 관계를 형성해야 한다.

이렇게 이야기하면 무슨 이야기인지 대충은 알겠는데 구체적으로는 잘 이해되지 않는 사람도 있을 줄 안다. 또한 그런 관계를 어떻게 형성해야 하는지도 감이 잘 잡히지 않을 것이다. 지금부터 이해하기 쉽게 설명하겠다. 먼저 학교생활기록부를 관리하는 방법이다.

🎓 학교생활기록부 관리 방법

　학교생활기록부에서 학생별로 달라질 수 있는 사항은 다음과 같은 것들이다(출결 사항이야 두말할 나위 없이 중요하다. 무단지각, 무단결과, 무단조퇴, 무단결석은 없어야 한다. 그것에 대해서는 별달리 언급할만한 것이 없다. 출결 사항은 모든 학생들에게 공통적으로 중요한 것이다).

　① 취미 및 희망 진로(학생, 학부모 각각 기록)
　② 자율활동
　③ 동아리활동
　④ 진로활동
　⑤ 봉사활동
　⑥ 수상기록
　⑦ 교과학습발달상황
　⑧ 독서활동
　⑨ 행동특성 및 종합의견

학교생활기록부를 관리함에 있어 무엇보다 중요한 것은 '시시콜콜

함을 벗어나는 것', '평범함을 벗어나는 것', 그리고 무엇보다도 '결과와 과정이 구체적으로 나타나는 것'과 '자발성, 적극성, 진정성이 나타나는 것'이라고 할 수 있다. 예전에는 학교 밖에서 했던 활동을 학교생활기록부에 적음으로써 학생의 자발성, 적극성, 진정성을 표현하려고 했었다. 실제로 그런 것들이 효과를 발휘해서 학생부 종합전형에서 합격한 사례도 있었다.

하지만 지금은 원칙적으로 학교생활기록부에는 학교에서 했던 활동만을 기록하게 되어 있고, 학생부 종합전형에 응시할 때 제출하는 자기소개서, 교사추천서에도 학교 외부 활동을 적지 못하게 되어 있다(극히 일부이기는 하나, 학교장의 승인을 미리 받아서 학교생활기록부에 기록할 수 있는 외부 활동이 있기는 하다. 따라서 외부 활동을 통해서 자신의 특성을 표현하고 싶은 학생이 있다면 먼저 그 활동이 학교생활기록부에 기록 가능한 것인지를 담임선생님께 여쭤 보는 것이 좋다).

따라서 학생의 자발성, 적극성, 진정성을 표현하기 위해서 어떤 교내 활동을 어떻게 할 것인지를 잘 생각해 봐야 한다. 이러한 점들은 개략적인 설명을 통해서는 이해하기가 거의 불가능하므로 다음 항목들에 나오는 구체적인 예시를 통해서 설명하도록 하겠다.

그럼 지금부터 각각의 항목들을 어떻게 관리해야 할 것인지를 살펴보자.

① **취미 및 희망 진로(학생, 학부모 각각 기록)**

자신의 관심 분야와 희망 진로를 가장 간단하게 나타낼 수 있는 항목이다. 자신이 진정 진출하고 싶은 직업의 명칭을 기록한다. 취미란에는 가급적 자신이 진출하려고 하는 직업과 관련이 있는 취미를 기록한다.

이 항목을 작성하는 데 있어서 중요한 점은 크게 두 가지다. 첫째, 내가 지원할 학과, 그리고 그 학과에 제출할 자기소개서의 내용과 부합해야 한다는 점이다. 취미는 '역사 책 읽기'고 희망 진로는 '역사 교사'라고 학교생활기록부에 적혀 있는데 지원 학과는 '문헌정보학과'이고 자기소개서에는 '도서관 사서'가 되기 위해서 노력해 왔다고 적혀 있다면 읽는 사람으로서는 납득하기 어려울 것이다. 둘째, 전체적인 학생부의 맥락과 취미 및 희망 진로가 잘 부합해야 한다. 학교생활기록부에 취미는 '역사 책 읽기'고 희망 진로는 '역사 교사'라고 적혀 있는데 독서활동란에는 역사 관련 도서를 읽은 기록이 전혀 없다면 이것 역시 읽는 사람으로서는 납득하기 어려울 것이기 때문이다.

그런데, 이런 점을 강조하다보니 취미 및 희망 진로 항목에 대해서 학생들이 오해하는 것이 있다. 1학년 때의 취미와 희망 진로부터 3학년 때의 취미와 희망 진로까지 3년 동안 반드시 일관성을 유지해야 한다고 생각한다는 것이다. 물론 그렇게 적는다고 하여 마이너스가 될 것은 없다. 하지만 그렇지 않다고 해서 반드시 마이너스가 되는 것은 아니라는 점은 알아 두었으면 좋겠다. 아직 어린 학생들이기에 희망 진로가 1, 2년 사이에 바뀐다고 해서 크게 마이너스 요인이 되지 않는다. 중요한 점은 희망 진로와 취미가 바뀌게 된 계기, 혹은 이유다. 그 계기나 이유가 충분히 설득력이 있다면 여러 분야에 관심을 가졌던 점은 오히려 플러스 요인으로 작용할 수 있다.

② 자율활동

이 항목에는 크게 두 가지 내용을 기록하게 된다. 하나는 매주 금요일에 실시하는 학급 토론 활동, 학교 폭력 예방을 위한 시청각 교육과 같은 것들을 기록하는 것이고, 다른 하나는 학생회 등 각종 단체 활동의 활동기간, 개인의 역할, 결과물을 구체적으로 기록하는 것이다.

전자의 경우 사실 거의 모든 학생들의 학생부에 같은 내용이 기록되므로 개인별로 차별성을 줄 수 있는 부분은 후자의 경우다. 각 학교마다 학생회장 선거가 첨예의 관심사가 되는 이유가 바로 여기에 있다.

그러나 단순히 학생회장 등 학생회 활동을 했다는 자체만으로는 좋은 평가를 얻기는 힘들다. 진짜 중요한 것은 학생회 활동을 하면서 내가 했던 역할이 구체적으로 어떤 것이었고, 그런 역할을 성실히 수행한 결과 어떤 성과를 얻게 되었으며, 무엇을 배우고 느끼게 되었는지를 밝히는 것이다. 평소 담임선생님과의 지속적인 상담을 통해서 자신이 구체적으로 어떤 역할을 하고 있으며 그 과정 속에서 내가 성취한 점과 배우고 느끼는 점이 무엇인지를 진술하게 밝히는 것이 좋을 것이다.

예를 들어 '학생회장으로서 전교 학생들의 의견을 민주적인 절차를 통해서 수렴하여 학생회를 잘 이끌어 나감'이라고 기록되어 있으면 읽는 사람 입장에서는 그 학생이 구체적으로 어떤 역할을 하였고 어떤 것을 성취했으며 무엇을 배우고 느꼈는지를 알기가 어렵다. 하지만 '학생회장이 된 이후 학생회 임원 25명을 1일 5명씩 1개 조로 편성하는 방식으로 총 5개 조로 편성하여 매주 요일별로 1개 조를 투입하여 공약으로 내걸었던 급식시간 질서 지도를 실시함으로써 급식시간에 발생했던 새치기와 그로 인한 학생들 사이의 갈등, 폭력 사건, 그리고 각종 안전사고를 75% 감소시켰음. 이 과정을 통해서 적절한 수준의 개입과 지도가 있으면 학생들 스스로의 노력으로 질서 수준을 향상시킬 수 있음을 알게 되었고, 학생회에서 질서 유지를 위해 노력하면 학생들 역시 그에 동참하려는 마음이 있었다는 점을 통해서 인간이 기본적으로 갖고 있는 도덕성에 대한 신뢰감을 회복할 수 있었음.'이라고 적혀 있을 경우 그 학생이 구체적으로 어떤 역할을 하였고 어떤 것을 성취했으며 무엇을 배우고 느꼈는지를 일목요연하게 파악할 수 있다. 이렇게 기록될 수 있도록 활동하고 그런 활동을 계획하고 실천하고 있음을 진로 상담 시간에 담임선생님에게 알려 드리는 것이 좋다.

③ 동아리활동

동아리활동 시간에 학생들이 어떤 활동을 했는지를 적는 항목이다. 동아리활동을 할 때에는 다음과 같은 몇 가지 주의사항을 유념해야 한다.

첫째, 당연한 것이겠지만, 가급적 자신의 희망 진로와 관련이 있는 활동을 하는 동아리에서 활동을 하는 것이 좋다. 역사교육과에 진학하기를 희망하는 학생이라면 아이돌 가수의 춤을 배우는 댄스 동아리에 가입하기보다는 역사토론 동아리에 가입하는 것이 좋다.

둘째, 동아리의 이름을 활동 내용과 연관시켜서 작성하는 것이 좋다. 그래야 학교생활기록부를 보고 그 학생을 평가하는 사람이 보기에 편하다. 역사적 사건들에 대한 토론 활동을 하는 동아리의 이름을 '히스토리 매니아 클럽', 혹은 '역사 사랑반'이라고 짓는 짓는 좋지 않다. 역사 관련 동아리라는 것은 알 수 있지만 어떤 활동을 하는지가 명확하게 드러나지 않기 때문이다. 이런 경우 '히스토리 디베이트 클럽', '역사 토론반' 정도로 짓는 것이 좋다.

셋째, 학생의 자발적, 적극적인 역할과 활동이 드러날 수 있도록 하는 것이 좋다. 학생이 정말로 하고 싶어서 했던 활동, 그리고 정말 열심히 준비하고 노력했던 활동과 그렇지 않은 활동은 분명 차이가 있다. 동아리 창단을 주도하거나 동아리 회장으로 활동한 사람은 그렇지 않은 사람보다는 자발성, 적극성에 있어 더 높은 점수를 받을 것이다.

넷째, 학생 개인의 역할과 활동이 명확하게 드러나고 그 결과 어떤 것을 성취하게 되었는지가 구체적으로 나타날 수 있도록 해야 한다. 동아리 전체적으로 진행했던 활동을 적기보다는 동아리 소속 학생 개인별로 어떤 역할을 했고 어떤 활동을 했으며 어떤 점을 배우고 느꼈으며, 그로 인해서 그 학생에게 어떤 변화가 일어났는지를 함께 기록하는 것이 좋다.

예를 들어 토론 동아리에서 활동한 학생들 중 주제별 토론에서 토론 패널 역할을 전혀 맡지 않고 항상 다른 학생들이 패널로 나설 때 청중 역할만 했던 학생들은 대체로 다음과 같이 기록될 것이다.

동아리에서 진행된 패널 토론에서 패널들의 주장을 경청하고 토론의 중간에 패널들의 주장에 대한 의문점을 질문하며 토론에 적극적으로 참여하는 등 성숙한 청중 문화를 보여주었음. 동아리 발표 대회에서 일반 학생들과의 토론 배틀을 벌이는 토론장을 만들고 다과를 준비하는 등 자신이 맡은 역할을 성실히 수행하였음.

그리고 주제별 토론에서 토론 패널 역할을 맡아 성실히 토론을 준비하고 직접 토론에 패널로 참여했던 학생들은 다음과 같이 기록될 것이다.

'한국사 수능 필수, 바람직한가'에 대한 2:2 찬반 패널 토론에 '한국사 수능 필수는 바람직하다'는 입장의 패널로 참여하였음. 현실 문제에 대한 통찰력을 기르기 위해서는 역사적 사고력, 역사의식의 배양 등이 반드시 필요하므로 한국사 수능 필수는 바람직하다는 자신의 입장을 전달하고, 한국사 교육의 발전을 위해서는 한국사의 중요하다는 전 국민적 여론 조성, 한국사 수업 시수와 역사 교원의 수 증가가 필요함을 주장함. '경제 민주화는 바람직한가'에 대한 찬반 패널 토론에 '경제 민주화에 반대한다'는 입장의 패널로 참여하였음. 경제 민주화가 사회적 화두가 된 배경은 대기업의 거대한 사업 확장력과 시장에서의 우월적 지위 남용 때문에 생긴 문제가 심각해졌기 때문이라는 점을 밝히고, 헌법 119조 2항에 나오는 경제 민주화 개념은 대기업의 시장에서의 우월적 지위 남용으로 인해 생기는 문제를 완화하거나 해결할 수 있는 개념이므로 바람직하다는 입장을 밝힘. 국민 개개인의 경제력 수준과 민주 공화정 국민으로서의 덕의 유지 가능성은 깊은 연관 관계가 있으므로 민주공화국을 유지 발전시키기 위해서는 소수의 사람들에게 부가 집중되는 것을 막고 빈부 격차를 완화할 필요가 있다는 생각을 논리적으로 밝혔음.

④ 진로활동

이 항목에는 크게 두 가지 활동이 기록된다. 하나는 정규 수업 시간으로 매주 1, 2시간씩 편성되어 있는 '진로' 수업 시간에 했던 활동이다. 이 활동은 학급 단위로 진행되기 때문에 모든 학생들에게 동일한 내용이 기록될 가능성이 높다. 다른 하나는 학교에서 실시하는 진로 활동 관련 대회 참여, 진로 상담 등 개인별로 이루어진 활동이다. 따라서 학생 개인의 특성이 잘 드러날 수 있는 다음과 같은 것들이 기록될 수 있을 것이다.

- 진로 활동 관련 대회 참여 과정
- 진로 활동 관련 대회 참여 결과 얻게 된 수상 실적
- 진로 활동 관련 대회 참여 결과 일어난 생각과 습관과 행동 상의 변화
- 담임교사, 혹은 진로 지도 교사와의 진로 상담 과정
- 진로 상담 결과 일어난 생각, 행동, 습관, 성적 등의 변화

만약 어느 학생이 개인적으로 진로와 관련된 활동을 한 것이 전혀 없다면 그 학생은 다른 학생들과 차별화될 수 있는 기록은 하나도 적히지 않을 수도 있다. 그러므로 다음과 같이 기록될 수 있도록 평소 진로 관련 활동을 다양하게 많이 적극적으로 하기 바란다.

1학기 진로 진학 상담 과정에서 자신의 진로 희망을 밝히고 4년제 대학 역사교육과에 진학하기 위한 각 대학별 정시, 수시전형 방법, 합격가능조건을 탐색하기 시작함. 그 결과 학생부 비교과는 비교적 준비가 잘 되어 있으나 국어, 영어, 수학 교과의 학생부 교과 성적과 수학능력시험 성적 향상이 필요함을 알고 학습 계획을 수정하고 계획 실천을 위해서 많은 노력을 함. 그러면서도 담임교사와의 월단위의 주기적인 상담을 통해서 마인드컨트롤을 하고 자신이 세운 계획이 잘 이행되고 있는지, 자신이 세운 계획이 적절한 것이었는지를 확인함. 이러한 노력을 바탕으로 1학년 때에 비해서 2학년 때 국어, 영어, 수학 교과의 학생부 교과 성적이 매우 향상되었고, 11월에 실시한 모의수학능력시험의 국어, 영어 영역 성적도 향상되었음. 기말고사 이후 담임교사가 실시한 진로 진학 관련 강의를 수강하면서 각 대학별로 실시하는 학생부 종합전형에 대비한 자기소개서 초안을 작성하고 기말고사 이전에는 학업 부담 때문에 하기 힘들었던 다양한 방면의 책을 읽는 등 학생부 비교과 영역에 해당하는 여러 활동들을 열심히 하는 등 자신의 진로를 개척하기 위해서 지속적으로 노력함. 교내 진로 글짓기 대회에서 자신이 역사교사가 되는 미래의 모습을 뉴스 형식으로 작성하고 그 꿈을 이루기 위해서 했던 과거의 활동과 노력을 서술한 글을 써서 제출한 결과 최우수상을 수상함. 교내 미래 직업명함 만들기 대회에서 올바른 한국사 학습 방법을 첨부한 명함을 만들어 제출한 결과 입상함. 이와 같은 대회 출전 및 수상을 통해서 자신의 희망 진로에 대한 믿음을 더욱 확고히 하게 되었음.

⑤ 봉사활동

이 항목 역시 크게 두 가지를 적을 수 있다. 하나는 정량적인 것으로서 봉사활동 확인서에 적혀 있는 나의 봉사활동 내역이다. 이 것은 서술형 기록이 아니다. 정해진 양식에 따라 '총 50시간'과 같이 수치화되어 입력된다. 나머지 하나는 정성적인 것으로서 봉사활동 특기사항 기록이다. 거의 대부분 학생들의 경우 봉사활동 특기사항에는 아무것도 기록되지 않는다.

왜냐고? 봉사활동 특기사항란에는 지속적이고 특색 있는 그 학생만의 봉사활동에 대해서만 추가적으로 기록하기 때문이다. 다문화 가정 학생을 대상으로 한 봉사활동을 매주 꼬박꼬박 주말마다 2~4시간씩 꾸준히 했다든가 교실 쓰레기 분리수거 활동을 정말 성실하고 자발적으로 해서 교실 분리수거쓰레기통이 언제나 여유 공간이 있고 청결하게 유지되었다거나 하는 경우가 여기에 해당한다. 따라서 이 봉사활동 특기사항란에 뭔가 기록이 되어 있을 경우 다른 사람과 나를 차별화할 수 있을 것이다.

참고로 서울에 있는 중상위권 이상 대학의 학생부 종합전형에 합격한 학생들은 고등학교에 다닌 3년 동안 보통 200시간 정도의 봉사활동을 했고, 교내 봉사활동과 교외 봉사활동의 비율은 약 3:7 정도였다. 예를 들어 총 200시간의 봉사활동을 했다면 학교에서 60시간 정도의 봉사활동을, 학교 밖에서 140시간 정도의 봉사활동을 한 것이다. 이것을 다시 1년 단위로 환산하면 1년마다 20시간 정도의 교내 봉사활동을 했고, 46~47시간 정도의 교외 봉사활동을 한 것으로 볼 수 있다.

학교에서 모든 학생들이 참여하는 봉사활동 시간이 1년에 5시간 정도 있다고 생각해 볼 때, 이 학생들은 학생부 선생님들의 아침 등교 지도를 돕는 활동, 급식시간 질서지도 도우미 활동, 교실 쓰레기 분리수거 도우미 활동 등을 통해서 매년 15시간 정도의 봉사활동을 했던 것으로 생각된다. 그리고 매주 주말마다 2시간 정도씩 6개월(약 23~24주) 정도에 걸쳐서 꾸준히 참여한 외부 봉사활동도 있었던 것으로 보인다. 이렇게 생각해 볼 때, 이 학생들은 봉사활동이 적어도 '기록'으로만큼은 일상 생활화되어 있었으며, 그러한 점이 평가자에게 어필되어 합격에 한 발 더 다가설 수 있었던 것으로 짐작된다.

⑥ 수상기록

이 항목은 학생이 교내에서 열리는 각종 대회에 얼마나 많이 도전했고, 그 결과 어떤 상을 받았는가를 적는 항목이다. 따라서 이 항목을 관리함에 있어서 알아두어야 할 점은 크게 보아 다음 세 가지이다.

첫째, 자신의 희망 진로와 관련이 있는 대회에서 가급적 높은 등수의 상을 많이 받는 것이 중요하다. 사학과나 역사교육과를 진학하고자 하는 학생은 교내 역사토론대회나 교내 역사논술대회, 혹은 교내 역사퀴즈대회 등에서 입상하는 것이 좋다. 자신의 진로와 관련이 있는 교내 대회가 없는 경우 자신의 진로와 가장 관련이 깊은 과목을 가르치는 선생님을 찾아가서 올해에, 불가능하다면 내년에 대회를 개최해 달라고 부탁하는 학생들이 나오는 것도 이런 이유 때문일 것이다(예: 심리학과에 진학하고자 하는 학생이 학교 상담 선생님께 찾아가서 심리학 관련 대회를 개최해 달라고 부탁하는 경우를 생각해 볼 수 있다).

둘째, 자신의 희망 진로와 관련이 없다고 하더라도 가급적 많은 대회에 참가해서 수상하는 것이 좋다. 여러 방면에 걸쳐서 지적 호기심, 도전 정신을 가지고 있으며 그 결과도 좋았음을 어필할 수 있기 때문이다.

셋째, 자신이 갖고 있는 자발성과 적극성을 잘 드러낼 수 있고, 도전 과정, 그리고 도전과 실패를 통해서 배우고 느낀 점이 있으리라고 생각된다면 상을 받을 자신이 없더라도 교내 대회에 적극적으로 참가하는 것이 좋다. 물론 입상하지 못하면 '수상기록' 항목에는 기록되지 않는다. 하지만 학생부의 가장 마지막에 나오는 '행동특성 및 종합의견' 항목에는 학생이 대회에 참여하였던 사실과 함께 그 과정에서 학생이 보여준 자발성, 적극성, 도전 과정, 그리고 도전과 실패를 통해서 배우고 느낀 점 등을 기록할 수 있다. 요즘에는 이런 '실패를 통한 학습', '혁신적 실패'에 해당하는 활동에 대한 기록도 중요한 평가 대상이 된다고 한다. 그러므로 상을 받을 자신이 없더라도 교내 대회에 적극적으로 참가하는 것이 좋을 것이다.

⑦ 교과학습발달상황

이 항목에는 크게 두 가지 내용이 기록된다. 하나는 수치화되어 나타나는 기록으로서 과목별로 내가 전교 몇 등을 했는지, 그리고 내가 몇 등급을 받았는지 등을 보여 준다. 나머지 하나는 숫자로는 나타낼 수 없는 서술식의 기록으로서 내가 그 과목을 배울 때 어떤 특별한 태도, 활동, 결과, 변화를 보여 주었는지를 기록한다.

전자에 있어서 중요한 것은 단연 '과목별 등급'이다. 이것이 바로 '학생부 교과 성적', 혹은 '학교 내신 등급'인데, 이 등급의 평균이 2점대(적어도 2.5~2.99 정도)는 나와야 학생부종합전형에 응시하여 합격할 수 있을 것이다. 물론 학교 내신 등급이 3점대인 학생이 학생부 종합전형에 응시해서 합격하는 사례도 간혹 있기는 하다. 하지만 그런 경우가 극히 드물다는 점을 생각할 때 학교 내신 등급을 잘 관리하는 것은 학생부 종합전형을 준비하는 데 있어 매우 중요하다.

후자의 경우, 즉 교과학습발달상황 항목에 있어서 숫자로는 나타낼 수 없는 서술식의 기록을 '과목별 특기사항'이라고 부른다. 여기에는 과목별로 내가 그 과목을 배울 때 어떤 특별한 태도, 활동, 결과, 변화를 보여 주었는지를 기록한다. 흔히 그 과목의 성적이 잘 나온 학생들에게 기록되는 것으로 알고 있는 경우가 있는데, 반드시 그런 것은 아니다. 물론 그 과목의 성적이 우수한 학생들의 경우 과목별 특기사항이 기록될 가능성이 높기는 하다.

하지만 단순히 성적이 잘 나온 점만이 기록되어 있는 것은 그리 큰 의미가 없다. 학생 개인이 그 과목을 배우면서 보여준 것들에 대한 '구체적'인 기록이 남아 있을 때, 과목별 특기사항은 큰 의미를 갖게 될 것이다. 예를 들어 세계사 수업 시간에 별다른 질문도 대답도 토론도 하지 않고 그저 선생님 설명만 열심히 들어서 좋은 성적을 받은 철수의 과목별 특기사항란에는 '세계사 수업 시간에 항상 성실한 태도로 임하고 복습을 철저히 하여 우수한 성적을 거두었음.'이라고만 기록될 것이다.

반대로 수업 시간에 선생님이 생각하지 못했던 점들에 대한 신선한 질문을 하고 어려운 논술형 문항 해결에 있어서 인상 깊은 발표를 한 영희의 과목별 특기사항란에는 '중상주의와 자유방임주의의 차이점에 대한 질문을 통해서 19세기 산업사회에서의 사상적 흐름을 이해하는 데 도움을 받음(2015. 09. □□). 19세기 산업사회에서 중산계급이 갖게 된 가치관에 대해서 질문하고 피드백을 받는 과정에서 공리주의와 자유방임주의가 중산계급에 있어 어떤 매력이 있었는지를 이해하게 됨(2015. 10. □□). 히틀러가 정권을 잡게 되는 배경과 대공황 당시 미국, 영국, 프랑스의 경제 정책 사이의 관계를 질문하고 피드백을 받음으로써 당시 독일인들의 비합리적 사고와 국가 경제의 파탄 사이에는 긴밀한 관계가 있음을 알게 됨(2015. 10. ㅁㅁ). 정언 명령을 제시한 칸트의 입장에서 애덤 스미스의 자유방임주의 경제학, 맬서스의 인구론, 벤담의 공리주의를 비판하는 논술형 문항을 해결하는 수업(2015. 09. ㅁㅁ)에서 칸트의 도덕 명령은 무조건적인 것이므로 국민 대다수의 생활수준을 향상시키기 위해서 자유로운 시장에서의 가격 경쟁이 일어날 수 있어야 한다는 애덤 스미스의 자유방임주의 경제학을 칸트의 입장에서는 어떤 조건이나 상황에 따라 적용되는 가언 명령적 성격을 갖는다고 비판하는 것이 가능하다는 점을 발표함. 이러한 논리적 사고력과 텍스트 이해 능력에 노력이 더해진 결과 세계사 과목에서 우수한 성적을 거두고 학생의 논술 실력과 논리적 사고력, 이해 능력 등이 향상되었음. 세계사 수업에 성실하게 임한 결과 서양 근현대사에 대한 균형 잡힌 역사의식을 갖게 되었음.'이라고 기록되어 있다면 어느 학생이 더 좋은 평가를 받게 될 것인가는 불 보듯 뻔하다.

마지막으로 이 항목(교과학습발달상황)에는 한 가지 더 추가적으로 기록할 수 있는 것이 있다. 바로 학교에서 실시하는 방과후 수업(흔히 '보충수업'이라고 부르는 수업)에 참여한 학생들이 어떤 특별한 태도, 활동, 결과, 변화를 보여 주었는지에 대한 기록이다. 이것도 과목별 특기사항과 마찬가지로 단순히 그 방과후 수업을 수강했다는 것만 기록되어 있는 것은 그리 큰 의미가 없다. 학생 개인이 그 과목을 배우면서 보여준 것들에 대한 '구체적'인 기록이 남아 있을 때, 과목별 특기사항은 큰 의미를 갖게 된다.

예를 들어 똑같은 '대입토론논술수업'수업을 수강한 학생 중 주제별 토론의 패널로는 전혀 참여하지 않고 항상 방청객 역할만 하고, 논술 수업에서도 선생님의 설명만 듣고 답안지를 작성하지 않아서 첨삭 지도 한번 받지 못한 철수는 '방과후학교 대입토론논술수업(20시간)을 수강함.'이라고만 적힌다.

그에 반해, 주제별 토론에 패널로서 참가하고 논술 수업을 열심히 들었을 뿐 아니라 수업 시간에 다루었던 모든 논술 문제에 대한 답안지를 작성하여 선생님으로부터 꼼꼼히 첨삭 지도를 받은 영희는 '방과후학교 열린토론논술수업(20시간)을 수강함. 중소기업 적합업종 설정에 대한 2:2 찬반 패널 토론에서 중소기업 적합업종을 설정하는 것은 바람직하지 않다는 입장의 패널로 참여하였음. 자유로운 경쟁이 가능한 시장에서 보다 발전된 제품을 만들 수 있는 능력을 갖춘 기업이 제도적 규제를 받아서 시장에 진출할 수 없게 되면 그것은 사회적 발전을 지연시키게 되는 결과를 가져온다는 점을 들어서 자신의 주장을 강화함. 중소기업 적합업종을 설정하지 않을 경우 대기업이 시장에서의 우월적 지위를 남용하게 된다는 상대방의 지적에 대해서 진정 중소기업을 돕고 싶다면 대기업을 규제하기보다는 중소기업의 경쟁력 강화에 도움이 되는 방법을 찾아야 할 것이라고 반박함. 대학 입학 논술 기출 문제를 해결하는 능력을 기르기 위해서 비교 및 분석, 비판 유형의 기본 문제를 동영상 강의를 통해서 공부한 후 고려대학교 논술 기출 문제를 해결하였음. 앞으로 더 경험을 쌓는다면 토론, 논술 분야에서 더욱 발전할 것으로 기대됨.'이라고 기록되어 있다면 어느 학생이 더 좋은 평가를 받게 될 것인가는 명약관화(明若觀火)할 것이다.

⑧ 독서활동

이 항목은 학생이 어떤 책을 읽은 후 독후감을 작성해서 담임선생님께 제출한 것을 토대로 학생의 독서활동을 기록하는 항목이다. 학교에서 학기 초에 나눠주는 '독서기록장'에 자신의 독서활동을 기록해서 선생님께 제출하는 것이 기본이다.

이 항목에 대해서 학생들이 오해하는 것이 두 가지 있다. 하나는 베스트셀러나 고전과 같은 잘 알려진 책을 골라서 읽으면 된다는 오해고, 다른 하나는 독후감을 쓸 때 책의 줄거리를 충실하게 요약하면 된다는 오해다.

학생부 종합전형에서 학교생활기록부를 평가하는 사람의 입장에서는 이 항목(독서활동)에 유명한 책 제목이 얼마나 있느냐보다는 '이 학생이 자신의 진로와 관련된 책들을 체계적으로 선택할 수 있는 능력이 있느냐', 그리고 '이 학생이 자신의 진로와 관련된 책뿐 아니라 다양한 분야의 책을 골고루 읽었느냐'를 더 중요하게 볼 가능성이 높다. 또한 그들의 입장에서 책의 제목과 책의 줄거리 요약보다 중요한 것은 학생이 그 책을 읽음으로써 어떤 점을 느끼고 배웠는지, 그리고 책을 읽고 난 이후 그 학생의 생각이나 행동, 학습 태도, 성적 등에 있어서 일어난 변화일 것이다.

생각해 보라. 역사교육과에 지원한 학생의 학교생활기록부에 시오노 나나미의 ≪로마인 이야기≫, E. H. 카의 ≪역사란 무엇인가≫와 같은 자신의 진로와 관련이 매우 깊고 널리 알려진 책의 제목과 줄거리 요약만 나와 있다면 평가하는 사람(흔히 이런 사람들을 '입학사정관'이라고 부른다.)의 입장에서 어떤 생각이 들겠는가? 역사교육과 입학을 노리고 유명한 역사 관련도서만 읽었다고 생각할 수도 있지 않겠는가. 또한 그렇게 유명한 책이라면 입학사정관도 이미 그 책의 줄거리를 알고 있을 텐데, 이미 알고 있는 책의 줄거리 요약을 굳이 다시 보아서 무슨 감흥이 있겠는가? 그 사람이 알고 싶은 것은 그 책을 읽은 '학생'이지 그 학생이 읽은 '책'은 아닌 것이다.

따라서 독서활동을 적은 독서기록장을 작성할 때에는 책의 줄거리 요약은 최대한 간단하게 적고, 그 책을 읽음으로써 어떤 점을 느끼고 배웠는지, 그리고 책을 읽고 난 이후 나의 생각이나 행동, 학습 태도, 성적 등에 있어서 어떤 변화가 일어났는지에 초점을 맞추어서 써야 한다.

또한 고등학교에 진학하고 나서는 아무 책이나 내키는 대로 읽기 보다는 나의 진로를 고려한 '읽을 도서 목록'을 만들어 두고 계획성 있게 책을 읽는 것이 좋다. 자신의 전공과 관련된 도서들을 책의 난이도에 따라서 '① 비전공자도 가볍게 읽을 수 있는 책, ② 비전공자에게는 어렵고 전공자에게는 쉬운 중간 정도의 수준에 있는 책, ③ 대학교 1, 2학년 정도의 전공자들이 읽는 책'과 같이 체계적으로 나누어서 각각 5~10권 정도씩을 선정하고 1학년 때는 비전공자도 가볍게 읽을 수 있는 책 위주로, 2학년 1학기 때는 비전공자에게는 어렵고 전공자에게는 쉬운 중간 정도의 수준에 있는 책 위주로, 2학년 2학기 때부터 3학년 1학기까지는 대학교 1, 2학년 정도의 전공자들이 읽는 책 위주로 읽는 것이 좋다.

또한 너무 자신의 희망 학과와 관련 있는 도서만 읽지 말고, 다양한 분야의 책을 두루두루 읽고 독서활동 기록으로 남기는 것이 좋다. 한 분야의 책만 읽으면 자기가 좋아하는 책만 읽는 것 같은 인상을 줄 뿐 아니라, 최근 강조되고 있는 '융합적 인재'와는 거리가 먼 학생으로 비처질 염려가 있는 등 그리 좋지 않을 것이다.

또한 여러 분야의 책을 두루두루 읽는 과정에서 자신의 희망 진로와 관련된 내용을 더 잘 이해하게 되는 경우가 많은데, 그런 점이 독서활동 기록으로 남아 있다면 매우 긍정적인 부분으로 인정

받을 수 있을 것이다. 예를 들어 역사교육과에 입학하고자 하는 학생이 역사와는 관련이 없어 보이는 물리학 관련 도서를 읽는 것은 융합형 인재라는, 그리고 지적 호기심과 개방적인 학습 태도를 갖고 있다는 긍정적인 인상을 심어줄 수 있을 것이다.

만약 이 학생이 자신이 읽은 물리학 책에서 뉴턴의 고전역학, 아인슈타인의 상대성 이론, 하이젠베르크의 양자역학에 대한 부분을 읽고 17세기부터 20세기까지 이어진 서양 과학 발전의 역사를 이해하는 데 도움을 받았고, 과학의 발전이 세계 역사의 전개와 사상의 변천사에 끼친 영향까지도 잘 알게 되는 변화를 겪었음이 학교생활기록부의 독서활동기록으로 적혀 있다면 입학사정관은 그 학생의 진면목을 보기 위해서 2차 면접 시험장으로 불러 오고 싶다는 강한 욕구를 느낄 것이다.

⑨ 행동특성 및 종합의견

이 항목은 학교생활기록부의 가장 마지막에 위치한다. 이 항목은 '한 마디로 이야기해서 이 학생은 이런 학생입니다.'라는 형식으로 학생을 소개하는, 말 그대로 그 학생에 대한 '종합 의견'을 적는 항목이다. 따라서 학생부 종합전형에 응시하는 학생에게 있어서 이 항목은 대단히 중요하다. 입학사정관에 따라 차이가 있겠지만,

상당수의 입학사정관들이 학교생활기록부를 펼침에 있어 가장 먼저, 가장 관심을 가지고 보는 항목이다.

이 항목에는 그 학생의 입장에서 가장 내세울 만한 점이 기록된다. 역사교육과에 진학하고 싶어 하는 학생이라면 교내 역사토론대회를 준비하는 과정에서 했던 노력, 그 결과 교내 역사토론대회에서 우승했던 수상기록, 혹은 교내 역사토론대회에서 수상하지는 못했지만 그 대회를 준비하는 과정에서 무엇을 느끼고 배웠으며 그 결과 어떤 변화가 일어났는지, 그리고 앞으로 어떤 발전 가능성을 기대할 수 있는지 등이 기록될 것이다.

또 하나 이 항목에서 빠질 수 없는 것은 바로 그 학생의 인성이다. 이것은 최근 인성교육이 제대로 되지 않은 학생들이 많고, 공부 잘하는 학생은 많으나 인성이 잘 갖춰진 학생은 보기 어렵다는 사회적 문제가 대두됨에 따라 더욱 강조되고 있는 부분이다. 기록의 신뢰도를 높이고 훗날 자기소개서를 쓸 때의 근거 자료를 확보하기 위해서 학생의 인성에 대한 기록은 가급적이면 구체적인 사례를 근거로 해서 기록되는 것이 좋다.

마지막으로 학교생활기록부의 다른 항목에는 기록되지 않았지만, '이것만은 꼭 다른 사람에게 어필하고 싶다'는 부분이 있으면 반드시 기록될 수 있도록 하는 것이 좋을 것이다.

# 학교생활기록부 관리를 잘하려면?

내가 학생들에게 앞에서 설명한 대로 학교생활기록부를 관리하라고 가르치면 상당수 학생들이 이렇게 묻곤 한다. "선생님. 설명하신 내용의 양이 너무 많아요. 학교생활기록부 관리를 잘 하려면 어떻게 해야 하는지 한 마디로 정리해 주시면 안 돼요?" 그럼 나는 이렇게 대답한다. "'어떤 학생을 뽑고 싶을까?'를 생각하면 답이 나온다. '이런 학생이라면 나라도 뽑겠다.'라는 인재상을 떠올려 보라."고 말이다.

수시전형 중 학생부 종합전형과 특기자전형을 서로 비슷한 것으로 혼동하는 사람들이 있다. 비슷한 부분이 있는 것은 사실이다. 하지만 좀 더 정확히 이야기해서 두 전형은 뽑고자 하는 학생상이 서로 다르다. 특기자전형은 이미 그 분야에서 상당한 능력을 보유한 학생을 뽑는다. 하지만 학생부 종합전형은 아직은 그 분야에 대한 특별한 능력이 없지만 앞으로 그렇게 될 수 있는 가능성이 보이는 학생을 뽑는다. 비유하자면, 특기자전형은 이미 어느 정도 다듬어진 '보석'을 뽑는다면, 학생부 종합전형은 좋은 보석이 될 수 있는 '원석'을 뽑는다.

자, 생각해 보자. 어떤 학생이 앞으로 '보석', 즉 전문가가 될 수 있는 가능성이 있어 보일까? 툭 하면 아무 이유 없이 학교에 늦게 가는 학생? 아니다. 언제나 제시간에 등교하는 학생이다. 언제나 다수의 의견을 따라가는 수동적인 학생? 아니다. 굳이 학생회장이나 반장이 아니더라도 자신의 의지대로 적극적으로 학교생활을 하는 학생이다.

그럼, 아무런 흥미도 느끼지 못하면서도 남이 만들어놓은 동아리에 어쩔 수 없이 들어가서 시간만 때우다 나오는 학생일까? 아니다. 자신이 동아리를 창단하고 리드하거나 적어도 동아리 내에서 자신이 맡은 역할을 주도적, 적극적으로 수행하는 학생이다. 자신의 진로에 대해서 별 관심 없는 학생일까? 아니다. 진로 관련 대회에 참가하고 담임선생님과 진로 상담을 주기적으로 해서 자신의 진로를 스스로 개척할 줄 아는 학생이다.

공동체를 위해서 하는 것이 별로 없는 학생일까? 아니다. 자신이 가지고 있는 힘과 재능을 다른 사람들을 위해서 기꺼이 내놓을 줄 알고 봉사활동 시간이 결코 시간을 낭비하는 것이 아님을 아는 학생이다. 학교에서 주최하는 대회에 한 번도 참가하지 않은 학생일까? 아니다. 가급적 많은 대회에 참가해서 적극적으로 자신의 재능을 기르고 여러 분야에 도전하는 학생이다.

성적 관리가 잘 되어 있지 않고, 수업 시간에 아무런 활동도 하지 않는 학생일까? 아니다. 성적도 어느 정도 잘 유지되고 수업 시간에 적극적으로 질문하고 발표하고 참여하는 학생이다. 책을 거의 읽지 않는 학생일까? 아니다. 다양한 분야의 책을 고루 읽고 독서를 통해서 자신을 긍정적으로 변화시킬 줄 아는 학생이다. 공부만 잘 하고 다른 사람을 배려할 줄 모르는 학생일까? 아니다. 공부도 잘 하지만 인성도 잘 발달한 학생이다.

자, 이제 종합적으로 생각해 보자. 내가 입학사정관이 되어 학생을 뽑는다. 그 학생의 학교생활기록부를 보니 언제나 제시간에 등교하고, 학급 반장은 아니지만 자신의 의지대로 적극적으로 학교생활을 하며, 자신이 직접 동아리를 창단하고 리드하고 동아리 내에서 자신이 맡은 역할을 주도적, 적극적으로 수행하는 학생이다.

또한 진로 관련 대회에 다수 참가하고 담임선생님과 진로 상담을 주기적으로 해서 자신의 진로를 스스로 개척할 줄 알며, 자신이 가지고 있는 힘과 재능을 다른 사람들을 위해서 기꺼이 내놓을 줄 알고 봉사활동 시간이 결코 시간을 낭비하는 것이 아님을 안다. 가급적 많은 대회에 참가해서 적극적으로 자신의 재능을 기르고 여러 분야에 도전하며, 성적 관리가 잘 되어 있고 수업 시간에 적극적으로 질문하고 발표하고 참여한다. 다양한 분야의 책을 고루 읽고 독서를 통해서 자신을 긍정적으로 변화시킬 줄 아는 학생이다. 공부도 잘 하지만 성격도 좋고 남을 배려할 줄도 아는 것

이 구체적인 사례를 통해서 증명이 된 학생이다. 누가 이런 학생을
놓치고 싶겠는가?

🎓 자기소개서 작성 방법

 본격적인 자기소개서 작성 방법 설명에 앞서 자기소개서를 언제 준비해야 하는지부터 설명하고자 한다.

 학생부 종합전형에 응시할 학생은 반드시 2학년 겨울방학 때 자개소개서의 초안을 만들어 두어야 한다. 만약 2학년 겨울방학 때 자기소개서를 써 두지 않아서 시기를 놓치게 되면 거의 대부분 원서 접수를 한두 달 앞둔 7, 8월이 되어서야 작성하기 시작하는데, 보통 자기소개서 초안을 작성하는 데만 적어도 1~2주일이 걸리고 그것을 수정하는 작업을 10~15회 정도 해야 하므로 최종적으로 자기소개서를 확정하기까지는 약 1~2개월이 소요된다.

 이런 점을 생각해 봤을 때, 얼마 남지 않은 대학수학능력시험(11월 초)을 준비하는 데 자기소개서 작성이 엄청난 걸림돌이 되리라는 점을 쉽게 예상할 수 있다. 실제로 이렇게 해서 애를 먹는 학생들이 한둘이 아니다. 그런 사태가 벌어지면 대학입학계획 전체가 흔들릴 수 있으니 학생부 종합전형에 응시할 학생은 반드시 2학년 겨울 방학 때 자개소개서 초안을 만들어 두도록 한다.

 3학년 1학기가 시작된 3월부터는 나에게 교사추천서를 써 줄 선생님(주로 3학년 담임선생님)과의 심층 상담을 거치면서 이미 완성되어 있는 자기소개서 초안을 점차 수정, 보완해 나가다가 3학년 9월에 대학별로 입학 원서를 쓸 때 3학년 1학기 학교생활기록부의 기록까지 모두 반영해서 최종 확정된 자기소개서를 제출하면 된다.

자, 그럼 지금부터 자기소개서 작성 방법을 설명하겠다. 자기소개서는 1번부터 4번까지 네 가지 문항에 대해서 대답하는 형식으로 작성한다. 1번부터 3번까지 세 가지 문항은 전국 모든 4년제 대학이 같은 문항을 사용한다. 4번 문항만 대학이 자율적으로 결정하는 문항이다. 1번부터 3번까지의 공통 문항은 다음과 같다.

---

1. 고등학교 재학기간 중 학업에 기울인 노력과 학습경험에 대해, 배우고 느낀 점을 중심으로 기술해 주시기 바랍니다(1,000자 이내).

2. 고등학교 재학기간 중 본인이 의미를 두고 노력했던 교내 활동을 배우고 느낀 점을 중심으로 3개 이내로 기술해 주시기 바랍니다. 단, 교외 활동 중 학교장의 허락을 받고 참여한 활동은 포함됩니다(1,500자 이내).

3. 학교 생활 중 배려, 나눔, 협력, 갈등 관리 등을 실천한 사례를 들고, 그 과정을 통해 배우고 느낀 점을 기술해 주시기 바랍니다(1,000자 이내).

눈치가 빠른 학생들은 이미 눈치 챘겠지만, 자기소개서에 나오는 문항들은 대체로 다음 두 가지를 쓸 것을 요구한다. 하나는 '어떤 활동을 했느냐?'고, 다른 하나는 '그 활동을 통해서 어떤 점을 배우고 느꼈나?'다.

이 둘 중 모든 문항들은 '어떤 활동을 했느냐?'보다는 '그 활동을 통해서 어떤 점을 배우고 느꼈나?'에 중점을 맞추어 대답하기를 요구하고 있다. 이것은 학생에게 뭔가 거창한 활동을 했기를 바라는 것이 아니다(만약 그랬다면 '어떤 활동을 했느냐?'를 중심으로 쓰라고 했을 것이다). 평범한 것을 했더라도 어떤 특별한 것을 느끼고 배웠나 보겠다는 것이다. 이렇게 '어떤 활동을 했느냐?'보다는 '그 활동을 통해서 어떤 점을 배우고 느꼈나?'에 중점을 맞추어 대답하기를 요구하는 문항을 출제한 사람의 숨겨진 의도는 무엇일까? 그는 자기소개서를 통해서 학생의 어떤 모습을 보고 싶은 것일까?

이 질문에 대해서 간단하게 대답한다면, 답은 다음 세 가지다.

① 자발성: 그 활동을 어떻게 시작하게 되었는가?

② 적극성: 그 활동을 얼마나 열정적으로 했는가?

③ 진정성: 그 활동을 얼마나 원하는가? 그리고 얼마나 끈질기게 했는가?

이 ①, ②, ③을 바탕으로 자연스럽게 다음 ④, ⑤, ⑥을 이끌어내는 것이 바로 이 문항 출제자가 학생들에게서 보기를 원하는 모습이다.

④ 느낀 점

⑤ 배운 점

⑥ 느끼고 배운 점을 통해서 나에게 생긴 변화

　이렇게만 이야기하면 '이게 무슨 뜬구름 잡는 이야기인가?' 하고 생각할 사람이 많을 것이다. 그래서 예시를 준비했다. 이것은 현재 학교에서 아이들을 가르치고 있는 한 선생님의 대학교 시절 이야기다. 이 이야기를 어떻게 자기소개서에 나오는 질문에 대한 답으로 바꾸는지를 지금부터 설명하고자 한다. 주의 깊게 읽어 주기 바란다.

　　중학교 시절부터 역사선생님이 되는 것이 꿈이었기 때문에 나는 대학교 전공으로 역사교육과를 선택했다. 대학교 입학 후 처음 맞는 1학년 여름방학이 되었을 때 일부러 막노동을 하러 갔다. 위험한 작업 환경에서 고된 육체노동을 하면서도 큰돈을 받지 못하는 사람들의 삶이 어떠한지를 체험해 보기 위해서였다. 물론 다른 아르바이트에 비해서는 비교적 많은 돈을 준다는 점도 그 일을 하게 된 이유 중 하나였다.

　　그때는 IMF 외환 위기라는 국가적 경제 위기의 상처가 아직 완전히 아물지 않은 때였다. 그래서 외환 위기가 닥치기 전에 5만 원 정도 하던 하루 임금이 3만 5천 원으로 떨어져 있었다. 그럼에도 불구하고 인력 시장에는 일하겠다는 사람이 넘쳐 났다. 처음에는 일도 나가 보지 못하고 숙소로 돌아오기 일쑤였다. 그래서 지역 생활정보지를 뒤져서 일감이 있는 인력 사무소를 찾아서 이웃 도시로 향했다.

인력 사무소 소장을 만나서 근무 환경과 관련된 이런 저런 이야기를 듣고는 잘 해보자는 악수를 했다. 그리고는 소장의 차를 타고 막노동 인부들이 생활하는 숙소로 향했다. 논밭을 가로질러 약 10분 정도 달려 도착한 숙소의 사정은 그리 좋지 못했다. 허름한 한옥 건물을 개조해서 쓰고 있던 그 건물에서 두세 명의 남자가 함께 생활하고 있었다.

그 건물과는 분리되어 있는 화장실의 높이는 성인 남자가 허리를 굽혀야지만 들어갈 수 있는 정도였고, 넓이는 쭈그리고 앉았을 때 전후좌우로 약 20~30센티미터 정도의 여유 공간밖에 없는 정도였다. 재래식 변기가 설치되어 악취가 심했다. 그 낮고 좁은 재래식 화장실에서 큰일을 보고 있으면 천장에 붙어 있던 거미가 실을 타고 내려와 내 눈 앞 10센티미터 앞에서 나와 눈싸움을 벌이기 일쑤였다.

아침 6시가 되면 허름한 승합차가 인부들을 실으러 온다. 인부들은 졸린 눈을 비비며 작업복으로 갈아입고 비몽사몽간에 승합차에 몸을 싣는다. 승합차의 좌석은 온통 어제 작업 과정에서 묻었던 먼지가 고스란히 남아 있었다. 대형할인마트건물 신축 공사 현장에서 벽돌을 나르거나 바닥에 떨어진 콘크리트 찌꺼기를 모아서 마대에 담아 건물 밖으로 배출하는 일을 하는 날도 있었고, 시멘트 100포대를 공장 건물 꼭대기에 있는 대형 광고판이 위치한 지붕까지 계단으로 실어 나르는 작업을 하는 날도 있었다. 어깨가 끊어질 듯한 고통이 밀려오는, 벽돌을 실어 나르는 작업을 하는 날도 있었다. 일은 고되고 작업 종료 시간은 더디게 왔다.

그렇게 하루 일이 끝나면 공사 현장 관리 사무소에서 발급하는 '출력증'이라는 종이를 받았다. 그 종이를 인력 사무소 소장에게 주면 소장은 나에게 하루 일당 3만 5천 원을 쥐어 주었다. 그렇게 하루 해가 저물어 갈 무렵이면 일을 함께한 인부들은 인력 사무소 근처 식당에서 4, 5천 원짜리 저녁 식사를 사 먹고 숙소로 돌아갔다.

인부들은 숙소로 돌아가기 전에 으레 인력 사무소 근처 슈퍼마켓에 들러서 소주와 오징어 같은 안주를 샀다. 그걸 숙소에 들고 와서는 밤늦도록 마셨다. 그러면서도 다음 날이 되면 귀신같이 일어나서 승합차에 몸을 싣는 것이 신기할 따름이었다. 그들은 같이 마시길 권했으나 나는 그러지 못한 날이 더 많았다. 그들과 함께 술을 마실 경우 다음 날 일을 나갈 자신이 없었기 때문이었다. 그날의 고통을 잊기 위해서 마시는 것인지는 모르겠지만, 어쨌든 그들은 거의 날마다 술을 마셨다.

그렇게 막노동 인부로서 10여 일을 지내던 어느 날, 가만히 생각해 보았다. 하루 일당은 3만 5천 원이다. 아침은 주로 1천 원 정도 하는 컵라면과 날계란으로 때운다. 저녁 식사는 4천 원짜리 식당 밥을 먹는다. 그럼 그날 번 돈 중 3만 원이 남는다. 그리고는 소주와 안주를 사는 데 5천 원 정도를 또 지출한다. 그럼 2만 5천 원이 남는다. 이것은 그들이 하루를 사는 데 쓰는 최소한의 지출이다.

여기에서 담뱃값과 가끔씩 근심을 잊기 위해서 가는 포장마차나 노래방 비용을 빼고, 더 이상 사용할 수 없게 된 작업복, 작업화, 작업 장갑 등을 구입하는 데 쓰는 비용을 빼고 나면 그들의 손에 남는 것은 한 달에 고작 30~40만 원 정도밖에 되지 않는다. 이들 대부분은 한 가정의 가장들이다.

그럼 지금 이 사람들 가정의 생계는 어떻게 유지되고 있을까? 30~40만 원으로 3~4명의 가족이 한 달을 생활해야 한다? 그럼 그 집은 아이들의 교육을 위해서 한 달에 어느 정도의 지출을 감당할 수 있을까? 갑자기 머릿속이 어지러워졌다.

내가 생각하기에, 아마도 나와 같이 일했던 막노동 인부들은 자기 자식의 학교 수업료와 급식비를 대는 것도 버거웠을 것이다. 그런 상황에서 그 아이들이 어떤 영양 상태에 있었으며 그 아이들의 옷, 신발의 상태는 어떠했을지는 충분히 미루어 짐작할 수 있는 것이었다. 이런 생각이 내 머릿속을 가득 채운 그 순간 나는 생각했다. '아, 가난은 정말 무서운 것이구나. 가난은 사회적인 죄악으로서 반드시 퇴치해야 하는 것이다.'

그리고 한 가지 다짐을 하게 되었다. '나중에 선생님이 되면 가난한 학생들에게 부담이 되지 않도록 학교 안에서 모든 교육 활동이 가능하도록 해야 하겠다. 학원이나 과외 같은 사교육을 받지 않고 학교에서 실시하는 교육만 받고도 충분히 좋은 성과를 낼 수 있는 그런 교육 시스템을 만들어야 한다.'

그때의 그 강렬한 기억과 다짐은 임용 고시를 합격한 이후의 나의 교직 생활에 매우 큰 영향을 주었다. 학원이나 과외, 사설 입시컨설팅 같은 사교육을 받지 않고 학교에서 실시하는 교육만 받고도 충분히 좋은 성과를 낼 수 있는 그런 교육 시스템을 만들겠다는 생각으로 여러 가지 영역에 도전했다.

서울 상위권 대학들이 논술전형으로 선발하는 인원을 늘리는 것을 보고서 각 대학들의 논술 기출 문제와 시중에 나와 있는 논술 지도서를 파고들어서 논술 문제의 유형을 분석하고 각 유형별 해법을 고안했다. 그리고는 그 해법을 학생들에게 가르칠 수 있는 지도법을 마련한 다음 학교에서 대입 논술을 대비하는 방과후 수업을 만들어서 여러 학생들을 지도했다.

대입 논술 방과후 수업을 서너 번 하면서 만든 자료들을 편집해서 책으로 만들어 논술 지도용 교재로 사용하기도 하였다. 또한 가르치는 과목의 학교 시험에 있어서도 서술형 평가의 배점을 100점 만점에 60점으로 늘렸다. 수행평가도 모두 서술형이나 논술형으로 바꾸었다. 모두 학생들의 논술 실력 향상을 위해 했던 일들이었다.

또한 수학능력시험을 준비하는 방법론을 마련하기 위해서 조남호가 쓴 ≪스터디 코드≫와 같은 공부법 관련 책들을 분석하고 해마다 수능시험에서 좋은 성적을 거둔 우리 학교 졸업생들과의 인터뷰를 통해서 얻은 자료를 바탕으로 수능 공부 전략을 세우는 자체 프로그램을 만들었다. 그 프로그램을 통해서 학생들이 스스로 학습 계획을 세우고 실천할 수 있는 길을 가르쳐 주기 위해서 애썼다.

그런 작업들이 어느 정도 마무리된 다음에는 학생부 종합전형을 준비하는 학생들을 지도하는 방법론을 고안하기 위한 작업에 착수했다. 교육청에서 발간되는 학교생활기록부 작성 매뉴얼을 보고 기본적인 작성 방법을 재점검한 후, 서울권에 있는 상위권 대학교에서 발간하는 입시 관련 자료들을 보고 학교생활기록부를 관리하는 방법을 만들었다.

다음 작업은 자기소개서를 쓰는 방법을 만드는 것이었다. 서울에 있는 상위권 대학교에서 발간하는 입시 관련 자료들과 졸업생들 중 학생부 종합전형으로 합격한 학생들과의 인터뷰를 통해서 얻은 자료들을 참고하고 자기소개서에 나오는 문항들의 특징과 그 속에 담겨 있는 출제 의도 등을 분석해서 자기소개서 작성 방법을 만들어냈다.

교사추천서 역시 서울에 있는 상위권 대학교에서 발간하는 입시 관련 자료들을 참고하고 내가 추천한 아이들 중 합격한 아이들의 실제 사례를 검토하며 계속해서 추천하는 학생 수를 늘려 나갔다. 그래서 내가 맡은 반의 학생인가 아닌가를 가리지 않고 모두 적극적으로 추천서를 작성해 주었다. 그렇게 계속 경험이 쌓이면서 교사추천서 작성법도 완성되었다. 면접 지도법 역시 교사추천서 작성법과 같은 과정을 거쳐서 마련할 수 있었다. 이렇게 해서 대학 입학에 있어 가장 큰 세 갈래 길인 정시(수능), 학생부 종합전형, 논술전형을 모두 지도할 수 있게 되었다. 마지막 작업은 학생들 개개인이 스스로 대학 입학 계획을 세우고 추진할 수 있도록 지도하는 방법을 만드는 것이었다.

이 작업을 위해서 정시(수능)로 합격한 학생, 학생부 종합전형으로 합격한 학생, 논술전형으로 합격한 학생, 학생부 교과전형으로 합격한 학생 등 거의 모든 전형별 합격생들을 인터뷰한 자료와 그들의 동의를 얻어 확보한 그들의 합격 관련 자료들을 종합적으로 검토하고, 그동안 확보했던 대학입시 관련 자료들을 분석하였다. 그 결과 학생 개개인이 대학 입학 계획을 수립하고 추진하는 방법을 지도하는 방법론을 만들 수 있게 되었다. 그 후 내가 담임선생님으로서 지도하게 된 학생들을 내가 마련한 대입 종합 준비 지도법으로 지도해 보았다.

대입 종합 준비 지도법의 핵심 중 하나는 평소 학부모와 학생들에게 담임 선생님과의 상담을 적극적으로 권장하여 실제로 학부모-교사-학생으로 이어지는 상호 보완적인 삼각관계를 형성하는 것이다. 그렇게 해서 목표를 공유하고 서로 신뢰하여 함께 노력할 수 있는 삼위일체의 관계를 만들었고, 이를 통해서 학생들의 11월 수능 모의고사에서의 성적 향상을 이끌어냈다. 내가 마련한 대입 종합 준비 지도법이 효과가 있음을 알게 된 것이었다.

그래서 이 지도법을 마련하게 된 후 처음 맞이하는 겨울방학 때 '대입 종합 준비 패키지'라는 이름의 방과후 수업을 개설하여 학생부 종합전형을 위한 서류 준비 작업, 면접 준비, 논술 준비, 수능 준비 전략 수립을 종합적으로 다루는 수업을 실시했다.

그렇게 이 지도법에 대한 경험까지 반영하여 ≪복잡한 대학입시 간단하게 준비하기≫라는 책도 출간하게 되었다. 이제 드디어 대학교 1학년 여름방학 막노동 일용직 노동자 생활을 하던 때 했던 다짐, 즉 학원이나 과외, 사설 입시컨설팅 같은 사교육을 받지 않고 학교에서 실시하는 교육만 받고도 충분히 좋은 성과를 낼 수 있는 그런 교육 시스템을 만들겠다는 생각이 현실로 다가오기 시작한 것이다.

그리 길지 않은 지난 교직 생활 8년간 이 작업을 하면서 느낀 점은 학교 붕괴, 교실 붕괴를 막기 위해서는 학생들의 진로 진학 문제를 반드시 해결해야 한다는 점이다.

또한 학부모, 교사, 학생 사이의 신뢰 관계 형성이야말로 공교육을 정상화시킬 수 있는 열쇠라는 점을 배웠다. 학부모와 교사로부터 신뢰받고, 배려받고, 관리받고 있다는 안정감을 가진 상태에서 부모님, 선생님과 같은 목적을 공유하고 추진하고 있다는 생각을 갖게 되었을 경우 학생들의 성취를 극대화할 수 있다는 점을 알게 되었다.

그리고 처음 시작은 부분적인 문제를 해결하기 위한 것이라 할지라도 점차 그것이 다른 영역으로 확장되어 총체적, 전체적 문제 해결의 열쇠가 될 수도 있다는 점도 배울 수 있었다. 처음 논술 지도법 개발을 시작할 때는 이렇게 수능 준비 지도법, 학생부 종합전형 준비 지도법까지 개발하게 될 줄은 몰랐다. 대입 종합 준비 지도법까지 개발하게 될 줄은 더더욱 예상하지 못했다.

하지만 하나를 완성하고 나면 아직 해결하지 못한 다른 문제들이 눈에 보였다. 그렇게 새롭게 눈에 들어온 문제들을 해결하는 첫 걸음을 떼는 데는 과거의 문제를 해결했던 경험이 좋은 발구름판 역할을 해 주었다. 문제를 해결해냈다는 자신감과 자부심은 새로운 문제에 도전하다가 벽에 부딪혔을 때 끝까지 포기하지 않고 일을 추진하는 데 많은 도움을 주었다. 따라서 미미한 문제일지라도 해결하려고 노력하는 것이 필요하며, 무언가를 성취하려면 한 번에 산꼭대기까지 오르려고 하기보다는 작은 걸음이라도 첫 걸음을 떼는 것이 중요하다는 점을 느끼고 배웠다.

무엇보다도 이런 나의 노력과 진심이 학생들에게 전달되어 아이들과 나와의 관계가 언제나 활기차고 부드러운 관계, 서로 얼굴을 보면 웃음이 나는 관계가 될 수 있었다는 점이 교사로서 매우 보람 있었다. 학교 붕괴, 교실 붕괴의 또 다른 이름인 교사-학생 관계의 붕괴를 치유하는 길을 알게 된 것 같았기 때문이다. 요즘에 교사는 있어도 스승은 없다는 이야기를 듣게 되는데, 그런 현실을 타개하는 좋은 길을 발견한 것 같은 느낌이 들었다.

자, 이러한 경험을 했던 선생님이 만약에 자신이 일해 보고 싶은 자립형 사립고로 직장을 옮기기 위해서 자기소개서를 쓴다고 생각해 보자. 자기소개서에 나온 문항은 다음과 같다.

> 대학교 재학기간부터 최근 직장 근무기간까지 본인이 의미를 두고 노력했던 활동을 배우고 느낀 점을 중심으로 3개 이내로 기술해 주시기 바랍니다(1,500자 이내).

어떻게 써야 할까? 이 질문에 답하기 위해서는 먼저 이 질문에 대답해야 할 것이다. '내 자기소개서를 보고 평가하는 사람은 자기 소개서를 통해서 나의 어떤 모습을 보고 싶은 것일까?'

이 질문에 대해서 간단하게 대답한다면, 답은 다음의 세 가지라는 점을 이미 이야기한 바 있다.

① 자발성: 그 활동을 어떻게 시작하게 되었는가?
② 적극성: 그 활동을 얼마나 열정적으로 했는가?
③ 진정성: 그 활동을 얼마나 원하는가? 그리고 얼마나 끈질기게 했는가?

그리고 이 ①, ②, ③을 바탕으로 자연스럽게 다음 ④, ⑤, ⑥을 이끌어내는 것이 바로 이 문항 출제자가 보기를 원하는 모습이라는 점도 이미 이야기한 바 있다.

④ 느낀 점
⑤ 배운 점
⑥ 느끼고 배운 점을 통해서 나에게 생긴 변화

설명을 좀 더 쉽게 하기 위해서 다음과 같은 표를 만들어 보았다.

앞에서 이야기한 선생님의 활동 경험을 평가자가 보고 싶어 하는 항목별로 정리를 하면 다음과 같은 표가 완성될 것이다.

순번	활동 내용	시기	지속 기간
1	공사현장 일용직 노동	대학교 1학년	2주 (약 15일)

평가 항목	자기소개서에 기록할 내용
① 자발성: 그 활동을 어떻게 시작하게 되었는가?	· 고된 육체노동, 저임금 생활을 체험하려고 · 아르바이트 중에서는 비교적 고임금이어서
② 적극성: 그 활동을 얼마나 열정적으로 했는가?	· 벽돌 나르기, 콘크리트 찌꺼기 제거, 건물 옥상까지 계단으로 시멘트 100포대 실어 나르는 작업 등 매우 고된 작업
③ 진정성: 그 활동을 얼마나 원하는가? 그리고 얼마나 끈질기게 했는가?	· IMF 사태로 인해서 일자리 구하기가 어렵다는 것을 알고 지역 생활정보지를 뒤져서 일감이 있는 인력 사무소를 찾아서 이웃 도시까지 찾아감 · 기본적 생활조차 어려운 숙소 생활 등 열악한 근무 조건 속에서도 일을 계속함
④ 느낀 점	· 가난은 반드시 퇴치해야 하는 사회적 문제
⑤ 배운 점	· 일용직 노동자들은 가정의 생계유지조차 어려움. 따라서 그들은 자식의 교육을 위한 지출을 거의 할 수가 없음
⑥ 느끼고 배운 점을 통해서 나에게 생긴 변화	· 임용 고시 합격 후 학원이나 과외 같은 사교육을 받지 않고 학교에서 실시하는 교육만 받고도 충분히 좋은 성과를 낼 수 있는 그런 교육 시스템을 만들겠다는 다짐을 하게 됨

순번	활동 내용	시기	지속 기간
2	대입종합준비지도법개발	교직 생활	8년

평가 항목	자기소개서에 기록할 내용
① 자발성: 그 활동을 어떻게 시작하게 되었는가?	· 대학교 1학년 일용직 노동자 생활의 경험을 통해서 했던 다짐을 현실로 만들기 위해서 시작하게 됨
② 적극성: 그 활동을 얼마나 열정적으로 했는가?	· 논술 지도법 개발을 시작으로 · 수능준비지도법을 개발하고 · 학생부 종합전형준비지도법까지 개발한 후 · 대입 종합 준비 지도법까지 개발
③ 진정성: 그 활동을 얼마나 원하는가? 그리고 얼마나 끈질기게 했는가?	· 이 작업을 위해서 정시와 수시 각 전형별 합격생들을 인터뷰한 자료, 그들의 합격 관련 자료, 각종 대학입시 관련 자료들을 검토하고 분석함. 그 결과 만들어진 지도법으로 학생들을 지도함
④ 느낀 점	· 교실 붕괴를 막기 위해서는 학생들의 진로 진학 문제를 반드시 해결해야 한다는 점
⑤ 배운 점	· 학부모, 교사, 학생 사이의 신뢰 관계 형성이야말로 공교육을 정상화시킬 수 있는 열쇠라는 점 · 학부모와 교사로부터 신뢰받고, 배려받고, 관리받고 있다는 안정감을 가진 상태에서 부모님, 선생님과 같은 목적을 공유하고 추진하고 있다는 생각을 갖게 되었을 경우 학생들의 성취를 극대화할 수 있다는 점 · 처음 시작은 부분적인 문제를 해결하기 위한 것이라 할지라도 점차 그것이 다른 영역으로 확장되어 총체적, 전체적 문제 해결의 열쇠가 될 수도 있다는 점

⑥ 느끼고 배운 점을 통해서 나에게 생긴 변화	· 노력과 진심이 학생들에게 전달되어 아이들과 의 관계가 언제나 활기차고 부드러운 관계, 서로 얼굴을 보면 웃음이 나는 관계가 될 수 있었다는 점에서 선생님으로서 매우 보람을 느낌 · 교실 붕괴의 또 다른 이름인 교사-학생 관계의 붕괴를 치유하는 길을 알게 됨

이렇게 표와 같이 자신의 활동을 정리한 다음 정해진 글자 수 (1,500자 이내)에 맞게 자기소개서를 쓰면 된다. 이 표를 바탕으로 자기소개서를 쓰면 다음과 같다.

대학생 시절 가장 기억에 남는 활동은 1학년 여름방학 때 했던 공사현장 일용직 노동이었습니다. 고된 육체노동, 저임금 생활을 한 번쯤은 체험해 봐야 한다는 생각에 시작했습니다. 물론 아르바이트 중에서는 비교적 고임금이었다는 점도 일을 시작하게 된 동기 중 하나였습니다.

당시는 몇 해 전의 IMF 사태로 인해서 일자리 구하기가 어려웠습니다. 그래서 지역 생활정보지를 뒤져서 일감이 있는 인력 사무소를 찾아 이웃 도시까지 찾아갔습니다. 기본적 생활조차 어려운 숙소 생활 등 근무 조건이 매우 열악했지만 일을 멈추지 않았습니다. 벽돌 나르기, 콘크리트 찌꺼기 제거, 건물 옥상까지 계단으로 시멘트 100포대를 실어 나르는 작업 등 매우 고된 작업의 연속이었습니다.

이 활동의 결과 가난은 반드시 퇴치해야 하는 사회적 문제라는 점을 느꼈습니다. 또한 일용직 노동자들은 가정의 생계유지조차 어렵고, 따라서 그들은 자식의 교육을 위한 지출을 거의 할 수가 없다는 점을 알게 되었습니다. 훗날 임용고시에 합격해서 교직에 나가게 되면 학원이나 과외 같은 사교육을 받지 않고 학교에서 실시하는 교육만 받고도 충분히 좋은 성과를 낼 수 있는 그런 교육 시스템을 만들겠다는 다짐을 하게 되었습니다.

이러한 경험을 통해서 했던 다짐을 현실로 만들기 위해서 임용고시 합격 후 선생님이 되어 대학 입학과 관련된 여러 분야의 지도법을 개발하기 시작했습니다. 논술 지도법 개발을 시작으로 수능 준비 지도법, 학생부 종합전형 준비 지도법을 차례로 개발한 후, 마지막으로 대입 종합 준비 지도법까지 개발하게 되었습니다. 오랜 바람이 현실이 되기 시작하는 순간이었습니다. 이 작업을 위해서 정시와 수시 각 전형별 합격생들을 인터뷰한 자료, 그들의 합격 관련 자료, 각종 대학입시 관련 자료들을 검토하고 분석했고, 그 결과 만들어진 지도법으로 학생들을 지도하였습니다.

이러한 경험을 통해서 교실 붕괴를 막기 위해서는 학생들의 진로 진학 문제를 반드시 해결해야 한다는 점을 느꼈습니다. 또한 학부모, 교사, 학생 사이의 신뢰 관계 형성이야말로 공교육을 정상화시킬 수 있는 열쇠라는 점, 학부모와 교사로부터 신뢰받고, 배려받고, 관리받고 있다는 안정감을 가진 상태에서 부모님, 선생님과 같은 목적을 공유하고 추진하고 있다는 생각을 갖게 되었을 경우 학생들의 성취를 극대화할 수 있다는 점을 알게 되었습니다. 그리고 처음 시작은 부분적인 문제를 해결하기 위한 것이라 할지라도 점차 그것이 다른 영역으로 확장되어 총체적, 전체적 문제 해결의 열쇠가 될 수도 있다는 점을 배울 수 있었습니다.

이와 같은 점들을 느끼고 배우는 과정에서 저에게는 몇 가지 변화가 생겼습니다. 아이들을 지도하기 위해서 쏟은 노력과 진심이 그대로 전달되어 아이들과의 관계가 언제나 활기차고 부드러운 관계, 서로 얼굴을 보면 웃음이 나는 관계가 될 수 있었던 것입니다. 이런 변화는 교사로서 매우 보람을 느낄 수 있게 해 주었습니다. 교실 붕괴의 또 다른 이름인 교사-학생 관계의 붕괴를 치유하는 길을 알게 되었던 것입니다.

자, 어떤가? 이 자기소개서는 최초로 만들어진 것, 즉 자기소개서 '초안'으로, 고칠 곳도 다소 있을 것이다. 2학년 겨울방학 시기에 이 정도의 자기소개서 초안을 완성해 둔 상태에서 3학년 1학기를 맞이 하면 될 것이다. 이제 여러분도 당장 자기소개서 초안 작성을 시작 해 보라.

✎ 자기소개서 작성 시 유의사항

마지막으로 이야기하고 싶은 것은 다음 두 가지다.

첫째, 자기소개서에 쓸 활동들이 학교생활기록부를 통해서 어느 정도 설득력을 얻을 수 있는지, 그리고 학교생활기록부를 통해서 증명될 수 있는지를 꼭 검토해 보기 바란다. 학교생활기록부에 나오지도 않는 것을 쓰거나, 나오더라도 짧게 한 줄만 적혀 있는 활동을 자기소개서에 쓴다면 평가자의 입장에서 어떤 생각을 가질 것인가를 생각해 보라. 신빙성이 없다고 생각하거나 과장해서 쓴 것이라고 생각할 가능성이 높다.

둘째, '없는' 진정성, 자발성, 적극성을 만들어내서 쓰지 말아야 한다. 그렇게 되면 뭔가 작위적인 자기소개서가 만들어지기 십상이다. 그렇다고 너무 식상한 자기소개서를 써서도 곤란하다. 대입 종합 준비 지도 수업을 할 때, 처음 자기소개서를 써 오라고 하면 거의 대부분 '원래 수학 실력이 좋지 않았으나 열심히 예습 복습하고 수업을 열심히 들어서 성적이 올랐다. 이런 경험을 통해서 노력은 배신하지 않는다는 점을 배웠다.'는 '결론이 뻔한 스토리'를 써 오는 학생이 대다수다.

스스로 생각해 보라. 과연 그런 자기소개서를 보고 감동을 받을 평가자가 얼마나 있을지를 말이다. 진정성으로부터 파생되는 특별함과 탁월함은 읽는 사람으로 하여금 감동을 준다. 또한 적극성과 자발성이 묻어나는 자기소개서는 보는 사람으로 하여금 학생의 발전 가능성을 확인시켜 준다.

그러므로 지금부터라도 자기가 진짜로 원하고 진짜로 열정적으로 오랜 기간 동안 할 수 있는 일을 하나 생각해서 실천에 옮겨 보는 것이 좋을 것이다. 학교 교육 과정 내에서 할 수 있는 것으로 말이다. 학교 교육 과정을 벗어나는 것이면 어차피 학교생활기록부에도, 자기소개서에도 쓸 수 없을 테니까 말이다. 자, 어서 다음 질문에 대한 답을 하기 위한 무언가를 해 보자.

---

1. 고등학교 재학기간 중 학업에 기울인 노력과 학습경험에 대해, 배우고 느낀 점을 중심으로 기술해 주시기 바랍니다(1,000자 이내).

2. 고등학교 재학기간 중 본인이 의미를 두고 노력했던 교내 활동을 배우고 느낀 점을 중심으로 3개 이내로 기술해 주시기 바랍니다. 단, 교외 활동 중 학교장의 허락을 받고 참여한 활동은 포함됩니다(1,500자 이내).

3. 학교생활 중 배려, 나눔, 협력, 갈등 관리 등을 실천한 사례를 들고, 그 과정을 통해 배우고 느낀 점을 기술해 주시기 바랍니다(1,000자 이내).

📖 교사추천서 받는 방법

다음으로는 교사추천서를 받는 방법을 알아보자.

결론부터 이야기하자면, 고등학교 2학년이 끝나기 전에 교사추천서 작성을 부탁드릴 선생님을 물색해 두는 것이 좋다. 거의 대부분 이 작업을 3학년 담임선생님이 한다. 하지만 반드시 그렇게 해야 하는 것은 아니므로, 평소에 나를 가장 잘 알고 계시는 선생님과 면밀히, 지속적으로 상담하면서 훗날 교사추천서 작성을 부탁해 두는 것이 좋다.

그 이유는 3학년 담임선생님이 수십 명의 학생들을 진학 지도하면서 '과부하'가 걸리면 전체적인 추천서의 질이 저하될 가능성도 있기 때문이다.

또한, 때로는 2학년 때까지 나의 교사추천서를 써 주기로 했던 분이 불가피한 사정으로 교사추천서를 못 써 주게 될 경우(실제로 학교에 따라서는 전근 간 교사에게는 추천권을 주지 않는 경우도 있음)에도 그 선생님이 3학년 담임선생님께 그간 작성해 둔 교사추천서를 전해 드리면, 3학년 담임선생님의 입장에서도 자기 학생의 교사추천서를 작성하는 데 한결 수월해지는 측면이 있다. 그러니, 평소에

나의 교사추천서를 작성해 주실 선생님을 '주치의' 개념으로 미리
물색해 두는 것이 좋을 것이다.

📚 면접(2차 시험) 준비

　다음으로는 면접시험 준비 계획을 세운다. 면접에서는 대학에서 전공 공부를 하기 위해서 얼마나 준비를 했는지, 인성과 의사소통 능력은 제대로 형성되어 있는지, 학교생활기록부, 자기소개서 등의 서류가 믿을 만한 것인지 등을 묻고 답하게 된다. 요즘에는 학생부 종합전형에 대한 안내 책자를 인터넷의 대학교 입학 안내 사이트를 통해서 무료로 내려받을 수 있게 해 놓은 대학교들이 크게 늘고 있다. 그래서 학생의 의지와 노력만 있으면 혼자서도 면접을 준비할 수 있다.

　그렇게 학생 혼자서 준비할 수 있다면 더할 나위 없이 좋겠지만, 아무래도 전문성, 경험 등이 부족하고, 면접이라는 시험 자체가 혼자서 하는 것이 아니라 질문자가 따로 있고, 때로는 대답하는 학생도 여러 명인 경우가 있으므로, 최대한 실전 면접시험과 비슷하게 준비하기 위해서는 친구들, 선생님의 도움이 필요하다. 그러므로 평소 면접 준비를 도와주실 선생님을 물색해 두자. 대체로 자기소개서 쓰는 것을 도와주고, 교사추천서를 써 주시기로 한 선생님으로부터 면접 대비 지도도 함께 받는 것이 좋다. 그만큼 학생에 대해서 잘 아는 분이기 때문이다.

만약 지금 이 글을 보고 '아직까지 수능 성적도 잘 안 나오고 학교생활기록부 관리도 덜 되어 있고 자기소개서 초안도 작성하지 못했는데 면접까지 준비해야 하느냐'고 불평하고 있는 학생이 있다면 크게 걱정하지는 말자. 그런 경우라면 우선 급한 불부터 끄자. 수능 공부 열심히 하고 학교생활기록부 관리하고 자기소개서 초안부터 작성해 두라는 말이다. 사실 학생부 종합전형으로 서울권의 중상위권 이상 학교에 입학한 학생들을 인터뷰해 보면 상당수가 수능 이후에 면접을 준비했다고 하니까 말이다.

논술전형 준비

제4장 공부를 위한 준비물

① (나의) 학교생활기록부
② (입학을 원하는 대학교의) 논술 기출 문제
③ (입학을 원하는 대학교의) 논술 고사
  가이드북이나 해설집

②, ③은 각 대학교의 입학 안내 사이트에서 내려받기 가능함.

대학 수시 입학을 준비할 때 상당히 고민스러운 것이 '논술전형을 준비해야 할지, 말아야 할지'의 고민이다. 학생부 교과전형은 웬만한 학교에서 모두 매우 높은 교과 성적(대체로 1.5등급 이상)을 요구하고, 학생부 종합전형은 교과 성적을 3년간 잘 유지하고 여러 가지 활동들을 2~3년간에 걸쳐 꾸준히 해야 하기 때문에 준비하는 것이 까다롭다. 쉽게 이야기해서 학생부 교과전형과 학생부 종합전형은 '과거를 묻는' 전형이다. 그래서 내세울 만한 '과거'가 없는 학생들이 찾게 되는 것이 '과거를 묻지 않는' 논술전형(논술은 학생부 교과 성적이 실질적으로는 거의 반영되지 않는 경우가 대부분)이다. 이 지점에서 '논술전형을 준비해야 할지, 말아야 할지'의 갈등이 시작된다.

그런데 진짜 문제가 되는 것은, '과연 내가 논술전형을 응시할 만한 조건이 되나?', '내가 논술전형에 메리트가 있나?'라는 것을 알아보는 방법이 학생과 학부모 입장에서 언뜻 떠오르지 않는다는 점이다. 이런 점을 노리고 논술을 가르친다는 사교육 업체가 활개를 치고 있다고 하니 참으로 답답한 일이다.

'과연 내가 논술전형을 응시할 만한 조건이 되나?', '내가 논술전형에 메리트가 있나?'를 알아보는 것은 그렇게 어려운 일은 아니다. 다음 두 가지 질문에 대답해 보면 된다. 첫째, '그 학교의 논술전형에서 요구하는 수능최저학력기준을 내가 만족할 수 있는가?', 둘 째, '내가 논술 수업을 듣고 기출 문제를 풀었을 때 어느 정도

점수를 받을 수 있는가?'

대학별로 다르지만, 어떤 학교는 수능최저학력기준이 아예 없는 학교도 있다. 그러므로 논술시험에 강점이 있는 학생들은 논술 수업을 듣고 자신이 가고자 하는 대학의 논술전형 기출 문제를 풀어 보고, 논술을 지도하는 선생님께 첨삭 지도와 평가를 받아 보는 것이 좋다. 그렇게 해서 자신이 논술전형에 메리트가 있는지 없는지를 확인해 보라는 의미에서 내가 직접 출제한 '옹호, 반박' 유형 문제와 그 문제에 대한 해법, 모범 답안을 수록한다. 최대한 학생 혼자서도 문제를 풀 수 있고, 자신의 실력을 가늠할 수 있도록 하였다.

만약 이 책에 수록된 문제만으로는 자신의 논술시험에 대한 가능성을 알기가 어렵다면 입학을 원하는 대학교의 논술 기출 문제를 내려받아 풀어본 다음 입학을 원하는 대학교의 논술 고사 가이드북이나 해설집을 내려받아 나의 답안이 어느 정도의 평가를 받을지를 생각해 보거나, 학교 선생님 중 논술 지도가 가능한 선생님께 자신의 답안을 첨삭 지도 받아보는 것도 좋은 방법이다[논술 기출 문제와 논술 고사 가이드북(해설집)은 각 대학교의 입학 안내 사이트에서 내려받기 가능함].

이 책에 있는 문제든 각 대학별 논술 기출 문제든 꼭 실전과 같이 문제를 풀어 보자. 학생 여러분의 건투를 빈다.

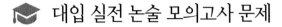

대입 실전 논술 모의고사 문제

옹호, 반박 1

윤리와 사상 교과서 지문―칸트의 입법 원리→롤스의 정의론[3]

(가) 행위의 결과보다는 동기를 중시한 칸트(Kant, I. 1724~1804)는 어떤 다른 목적을 달성하기 위한 수단으로서의 명령이 아니라, 그 자체가 목적인 무조건적 명령으로서의 도덕 법칙을 제시하였다. 즉 조건이 붙는 가언 명령(假言命令)이 아니라, 의무의 성격을 띤 정언 명령(定言命令)을 제시한 것이다.

칸트가 도덕 법칙으로서 첫째로 제시한 정언 명령은 "네 의지의 격률(格律)이 언제나 동시에 보편적 입법의 원리가 될 수 있도록 행위하라."라는 것이다. 이는 우리로 하여금 행위할 때 항상 보편적 입장에 설 것을 요구하는 것이며, 도덕적 원리는 모두에게 똑같이 적용될 수 있는 보편적 타당성을 지켜야 한다는 것이다.

*가언 명령: 어떤 조건이나 상황에 따라 적용되고 요구되는 도덕 명령이다.
*정언 명령: 어떤 특정한 조건에 좌우되지 않는 무조건적인 도덕 명령이다.

---

3) 교육과학기술부, 〈윤리와 사상〉, (주)지학사, 2011에서 인용.

(나) 산업 혁명과 더불어 자본주의 경제가 점차 발전해 가던 영국에서는 개인의 이익과 사회 전체의 이익을 조화시키는 일이 문제가 되었는데, 이를 해결하기 위한 시도로서 공리주의가 등장하였다.

그 대표자라 할 수 있는 벤담(Bentham, J., 1748~1832)은 행복이란 다름 아닌 쾌락이고, 고통이 없는 상태를 의미한다고 주장하였다. 또한 그는 사회는 개인의 집합체이므로 개개인의 행복은 사회 전체의 행복과 연결되며, 더 많은 사람이 행복을 누리게 되는 것은 그만큼 더 좋은 일이라고 생각하였다. 그리하여 이른바 '최대 다수의 최대 행복'을 도덕과 입법의 원리로 제시하였다.

(다) 롤스가 주장하는 정의의 원리는 원초적 입장에서 선택되는 '정의의 두 원칙'으로 이루어져 있다. '원초적 입장'이란, 자신의 개인적 특성이나 사회에서의 위치를 모르며 서로에게 무관심한 합리적 당사자들이, 모든 사람들에게 적용되기를 바라는 분배 원칙을 선택하는 가상적 상황이다. 이 상황에서 당사자들은 자신이 가장 불우한 계층이 될 가능성을 염두에 두기 때문에, 모든 사람, 아니면 적어도 사회의 최소 수혜자들에게 이득이 되는 경우에만 경제적 자원을 불평등하게 분배하는 방식을 택한다는 것이다. 원초적 입장에서 당사자들이 선택할 원칙은 다음과 같다.

· 각 개인은 기본적 자유에 있어 평등한 권리를 가져야 한다(평등한 자유의 원칙).

· 사회적.경제적 불평등은 다음 두 조건을 만족시켜야 한다. 첫째, 가장 불리한 여건에 있는 사람, 즉 최소 수혜자에게 최대의 이득이 되어야 하며(차등의 원칙), 둘째, 그 같은 불평등은 기회 균등의 원칙하에 모든 사람에게 개방된 직책이나 지위와 결부된 것이어야 한다(기회 균등의 원칙).

(라) 칸트의 … 보편주의의 밑바탕에는 절대적 가치를 지닌 인격체로서의 인간 존엄성에 대한 이념이 깔려 있다. 이로부터 그는 다음과 같은 또 하나의 정언 명령을 제시하고 있다. "너 자신과 다른 사람의 인격을 결코 단순히 수단으로 취급하지 말고, 언제나 동시에 목적으로 대우하도록 행위하라."

문제 1: (가)의 칸트의 입장에서 (나)의 공리주의의 도덕과 입법의 원리를 논리적으로 반박하시오(250~350자).

문제 2: 다음과 같은 비판으로부터 (다)의 롤스의 입장을 (라)의 내용을 토대로 옹호하시오(250~350자).

롤스가 이야기하는 정의의 원리는 '원초적 입장'이라고 하는 가상적 상황이다. 이러한 가상적 상황으로부터 도출된 결론을 현실 세계에 그대로 적용하려고 하는 것은 무리가 있다. 오히려 '사람이라면 누구나 쾌락을 통한 행복을 추구하려고 한다.'라는 현실적인 생각으로부터 도출된 결론이 실생활 속에서 더욱 유용할 것이다.

대입 실전 논술 모의고사 해설(접근법) 및 모범 답안

반박 유형의 문제는 다음과 같은 순서로 해결한다.

반박의 과정

① 반박의 주체가 되는 텍스트 (가)의 내용을 정리한다.

② 반박의 대상이 되는 텍스트 (나)의 내용을 정리한다.

③ 반박의 대상이 되는 텍스트 (나)의 내용 중에서 반박의 주체가 되는 텍스트 (가)의 내용으로부터 적절하지 않다고 지적받을 수 있는 점을 찾아낸다. 그리고 그렇게 지적받게 되는 이유를 생각해 낸다.

④ ③의 과정을 글로 옮긴다.

⑤ 반박의 주체가 되는 텍스트 (가)의 내용을 반박의 결론으로 제시한다.

옹호 유형 문제 해결하기

① 옹호의 대상이 되는 텍스트 (다)가 갖고 있는 문제점으로 지적받은 부분을 인정하되, 그러한 문제점이 나타나게 된 (불가피한) 배경(상황)을 설명한다.

② 옹호의 대상이 되는 텍스트 (다)의 진정한 의도를 설명한다 [옹호의 주체가 되는 텍스트 (라)의 내용을 잘 구현하는 점을 반드시 포함시킨다].

이러한 과정을 통해서 앞의 문제 1, 2를 푸는 과정은 다음과 같다.

실전 적용

문제 1: (가)의 칸트의 입장에서 (나)의 공리주의의 도덕과 입법의 원리를 논리적으로 반박하시오(250~350자).

① 반박의 주체가 되는 텍스트 (가)의 내용을 정리한다.

(가) 칸트의 도덕 법칙(정언 명령)

· 칸트는 행위의 결과보다 동기를 중시하였다.
· 그래서 그는 무조건적 명령으로서의 도덕 법칙, 즉 '정언 명령'을 제시하였다.
· 칸트의 첫째 정언 명령은 도덕적 원리는 모두에게 똑같이 적용될 수 있는 보편적 타당성을 지켜야 한다는 점을 밝히고 있다.
· 이러한 보편주의의 밑바탕에는 절대적 가치를 지닌 인격체로서의 인간 존엄성에 대한 이념이 깔려 있다.

② 반박의 대상이 되는 텍스트 (나)의 내용을 정리한다.

(나) 공리주의

· 공리주의는 개인의 이익과 사회 전체의 이익을 조화시키기 위한 시도로서 나타났다.
· 대표적인 공리주의자 벤담은 행복은 곧 쾌락이라고 생각하였고, 개개인의 행복은 사회 전체의 행복과 불가분의 관계에 있다고 생각하였다.
· 그래서 그는 '최대 다수의 최대 행복'을 도덕과 입법의 원리로 제시하였다.

③ 반박의 대상이 되는 텍스트 (나)의 내용 중에서 반박의 주체가 되는 텍스트 (가)의 내용으로부터 적절하지 않다고 지적받을 수 있는 점을 찾아낸다. 그리고 그렇게 지적받게 되는 이유를 생각해 낸다.

·칸트의 첫째 정언 명령은 도덕적 원리는 모두에게 똑같이 적용될 수 있는 보편적 타당성을 지켜야 한다는 점을 밝히고 있다.	⇒	·대표적인 공리주의자 벤담은 행복은 곧 쾌락이라고 생각하였고, 개개인의 행복은 사회 전체의 행복과 불가분의 관계에 있다고 생각하였다.
·이러한 보편주의의 밑바탕에는 절대적 가치를 진틴 인격체로서의 인간 존엄성에 대한 이념이 깔려 있다.	⇒	·그래서 그는 '최대 다수의 최대 행복'을 도덕과 입법의 원리로 제시하였다.

④ ③의 과정을 글로 옮긴다.

⑤ 반박의 주체가 되는 텍스트 (가)의 내용을 반박의 결론으로 제시한다.

> 공리주의의 도덕과 입법의 원리는 개개인이 느끼는 쾌락과 행복이라는 주관적 감정의 극대화와 다수 사람들의 쾌락 증진에 초점이 맞춰져 있다. 이런 원리에 의해서 도덕적 기준을 정하고 법을 만든다면 다수 사람들의 주관적 행복감을 증진시키기 위해서 소수 사람들의 행복 추구권을 억압하거나 금지하게 될 것이다. 그렇게 되면 그러한 도덕적 기준과 법에 반발하는 사람들이 나타나게 되고 사회적 갈등이 증폭될 것이다. 따라서 도덕과 입법의 원리는 모든 사람들에게 인정받을 수 있는 보편적 타당성을 지니고 있어야 한다.

문제 2: 다음과 같은 비판으로부터 (다)의 롤스의 입장을 (라)의 내용을 토대로 옹호하시오(250~350자).

옹호의 과정

① 옹호의 대상이 되는 텍스트 (다)가 갖고 있는 문제점으로 지적받은 부분을 인정하되, 그러한 문제점이 나타나게 된 (불가피한) 배경(상황)을 설명한다.

② 옹호의 대상이 되는 텍스트 (다)의 진정한 의도를 설명한다 [옹호의 주체가 되는 텍스트 (라)의 내용을 잘 구현하는 점을 반드시 포함시킨다].

> 롤스가 이야기한 '원초적 상황'이 현실적으로 불가능한 점, 그리고 그러한 상황을 전제로 하여 도출한 결론이 실현될 가능성이 낮은 점은 충분히 인정할 수 있다. 하지만 그가 그러한 상황을 설정한 의도를 간과해서는 안 된다. 롤스는 모든 사람들이 합의할 수 있는 분배 원칙을 도출하기 위해서 그러한 가상의 상황을 설정한 다음 자신의 생각을 전개했던 것이다. 롤스의 의도는 누구나 만족할 수 있는 원리를 추구함으로써 '한 사람의 인격이라도 무시되어서는 안 되며, 그 무엇보다 사람을 우선시해야 한다.'라는 보편타당한 도덕적 명제를 실현하려고 한 것이었다.

정시 준비를 위한 수능시험 준비 계획 수립

제5장 공부를 위한 준비물

① 최근 수능 기출 문제
② 최근 수능 기출 문제의 정답
③ 최근 수능 모의고사 성적표

①, ②는 인터넷 검색을 통해서 쉽게 내려받기 가능함

📚 기출문제 셀프 분석

수학능력시험은 정시 합격에 있어서 절대적인 역할을 한다. 또한 수시의 논술전형이나 학생부 교과전형에서 수능 최저학력기준이 적용되는 학교가 다수 있다. 그러므로 대학 합격을 위해서는 일정 수준 이상의 수능 성적을 받아야 하는 경우가 대다수다.

자, 그렇다면 이제부터는 수학능력시험을 어떻게 준비해야 할 것인가? 수능시험 준비 계획 수립을 위한 기본은 바로 '기출문제 셀프 분석'이다. 국어, 수학, 영어, 탐구 4개 영역마다 어떤 유형의 문제들이 출제되고 각 유형별로 어떻게 접근해야 하는지를 스스로 분석해 보는 것이다.

학생들이 수능 준비 방법에 대해서 나에게 상담해 오면 아직 공부할 시간이 많이 남아 있는 고1 학생의 경우 죽이 되든 밥이 되든 수능 기출 문제 분석을 시간에 구애받지 말고 한 번은 꼭 분석해 보도록 권한다. 그것이 장기적으로 그 학생의 발전을 위해서 득이 될 가능성이 높기 때문이다.

또 하나의 좋은 방법은 수능 4개 영역을 잘 가르치시는 학교 선생님들과의 상담을 통해서 공부 방법을 알게 되는 것이다. 성적 향상을 이끌어낸 경험이 많은 선생님들 중에는 학생들의 고민을 들으면 그 학생의 문제점을 '귀신같이' 간파하고는 그에 맞는 해결책을 제시해 주시는 분들도 있다. 그러므로 그런 선생님들과의 상담은 수능 준비 계획을 수립하는 데 큰 도움이 될 수 있다. 선생님들과의 상담 결과 자신만의 공부 방법을 찾아내서 결국 성적 상승으로 이어지면 그런 과정과 결과가 학생부 과목별 특기사항에 기재되는 '부수입'도 누릴 수 있을 것이다.

고2, 고3을 위한 좀 더 빠른 수능시험 준비 계획 수립 방법

준비할 시간이 얼마 남지 않은 고2, 고3들의 경우에는 수능 준비와 매우 밀접한 관련이 있는 질문지 작성과 상담을 통해서 수능 준비 계획 수립을 돕고 공부 방법을 찾도록 도와주어야 한다. 이 부분은 학생의 생활 패턴, 공부 습관 등을 총체적으로 파악하기 위한 매우 심도 있는 상담이 필요한 부분이어서 이 책의 제한된 분량을 통해서 이야기하기에는 다소 어려움이 있다(이 부분을 모두 이야기하기 위해서는 따로 하나의 책을 만들어야 할 것이다).

그래서 이번 장에서는 실제 2014학년도 수능시험에서 좋은 성적을 거둬서 정시로 자신이 원하는 대학교 원하는 학과에 입학한 학생과 '수능시험을 잘 준비하려면 어떻게 해야 하는가'를 주제로 토론한 내용과 그 결론을 소개하려고 한다. 이 토론의 내용을 잘 음미해 보고 나서 결론에 공감할 수 있다면 수능을 준비하는 방법에 대한 고민은 상당 부분 해소될 수 있을 것으로 믿는다. 토론 당시의 치열한 분위기와 생동감을 고스란히 전달하기 위해서 최대한 토론의 내용을 그대로 싣는다. 다음은 '수능시험을 잘 준비하려면 어떻게 해야 하는가'를 주제로 고려대학교 철학과 14학번 ○○○ 학생과 내가 토론한 내용이다.

수능 준비생들을 위한 특별 토론

토론 주제: 수능시험을 잘 준비하려면 어떻게 해야 하는가.

토론자: 1. 안곡고등학교 교사 조성학(이하 '교사'로 표기)

2. 고려대학교 철학과 14학번 ○○○(이하 '학생'으로 표기)

토론 세부 주제 1 - 전체적인 수능 준비의 방향(태도, 생각)은 어떻게 잡아야 하는가?

교사: 오랜만이다.

학생: 네. 선생님. 오랜만입니다.

(중략)

교사: 자, 이제 본격적인 수능시험 준비 이야기로 들어가 보자.

학생: 네.

교사: 일단 전체적인 수능 준비의 방향은 어떻게 잡아야 하는지에 대해서 말해 줬으면 한다.

학생: 일회일비하지 않는 자세, '무소의 뿔처럼 혼자서' 가려는

자세로 수능을 준비해야 한다고 생각합니다.

교사: 좀 구체적으로 이야기해 줄 수 있을까?

학생: 조금 더 구체적으로 말씀드리자면, 매회 치르는 모의고사 성적과 타인의 평가에 흔들리지 않고 수험생인 자기 자신의 주관대로 공부해야 한다는 의미입니다. 많은 학생들이 특히 모의고사 성적표가 나올 때면 자주 감정에 흔들리게 되고 한동안 자신이 계획한 공부에 많은 영향을 받습니다. 이보다는 자신을 믿고 굳세게 밀고 나가는 자세가 필요하다고 생각합니다. 그와 더불어 중요한 것이 모든 수능 문제에 임하는 태도입니다. 그리고 요즘 학생들이 힘들어하는 것 중 하나인 '주체적인 생각을 하는 것'과 '이 사람이 무슨 이야기를 하고 있는가에 대한 궁금증을 갖게 되는 것' 또한 정말 중요하다고 생각합니다. 이것은 최근까지 수능을 준비했던 제 친구의 동생에게 해 주었던 조언이기도 하고, 제 성적이 향상된 계기가 되었던 생각이기도 합니다. 특히 국어 영역에 있어서….

교사: 잠깐만, '주체적이 되는 것'과 '이 사람이 무슨 이야기를 하고 있는 것인가'라니….

학생: 이 사람이라는 게 '문제'라거나, 아니면 '제시문'이라거나. 모든 방면에서….

교사: (문제나 제시문이 무슨 이야기를) 하고 있는가를 생각해라?

학생: 네. 그게… 모든 영역에 다 적용되는 이야기인데… 친구 동생도 그런 생각을 갖게 된 이후에 성적이 좋아진 것 같아서 뿌듯했던 기억이 있습니다.

교사: 좀 요약해 보자면, 이건 비유적인 표현인데, 내가 문제를 따라가는 것이 아니라, 내가 문제를 위에서 내려다보는 자세로… 그러니까 관찰하는 것처럼….

학생: 네. 그런 것 같습니다.

교사: 문제라는 틀 속에 내가 갇혀 있지 말고, 내가 만든 틀에 문제를 가둬 놓고 내가 그 문제를 관찰하는 입장에 서야 한다. 이 정도로 요약하면 될까?

학생: 네. 그… 특히… 바로 그 말인데요. '주체적'이라는 말에 대해서 굉장히 모호하게 받아들일 수가 있는데, 예를 들어서 이런 겁니다. 국어 문제를 예로 들자면 선택지가 5개 나오는 것이 보통이잖아요.

교사: 그렇지.

학생: 그런 상황에서… 입시에 몸담고 계시는 분들이 즐겨 쓰시는 말인데, 어떤 답지 중 하나의 선택지는 매력적인 오답이고, 다른 하나는 정말 말도 안 되는 거고, 하나는 (정답과) 상반된 거고… 뭐 이런 이야기를 많이 하시는데… 이거(선택지)를

읽고서 내가 정답을 결정하기 전에, 내가 먼저 주제가 무엇인지를 생각을 하고 들어가서 정답을 찾아야 한다는 그런 의미거든요. 실제로 제가 국어 영역을 굉장히 못했었는데(이 학생의 고2 마지막 모의고사 국어 영역 성적은 5등급이었다.), 시간도 많이 부족했었고요. 그런데 이런 생각을 갖고 문제에 임하면서 (문제 푸는 데 걸리는) 시간도 굉장히 많이 줄었고요, 정확도도 굉장히 많이 늘었던 것으로 기억이 나요.

(중략)

교사: 음. 그랬구나.

학생: 이것은 정말 가감 없이 말씀드리는 것이니까, 아마 맞을 겁니다. 이것은 후배들이 저에게 멘토를 해달라고 할 때도 제가 갖고 들어가는 기본적인 철학 중 하나입니다. (웃음)

교사: 음. '공부의 철학'이다?

학생: 네.

교사: 음… 멋있는 말인데? (웃음) 그런데… 이건 좀 '딴지'를 거는 것이 될 수도 있겠지만, 지금 네 말은 '①~⑤번 선택지 중에서 답을 찾지 말고 내가 제시문의 주제를 읽고서 미리 답을 머릿속에 떠올린 다음에 ①~⑤번 선택지 중에서 확인해라.' 이런 말이잖아?

학생: 네.

교사: 그런데, 만약 확인해 보니까 없으면 어떻게 해야 하는 거냐?

학생: 아… 그게 참… 만약 시험 볼 때 그렇게 된다면 굉장히 낭패일 수가 있는데… 공부할 때 그렇게 된다면 좀 더 글을 꼼꼼히 뜯어 봐야 한다고 생각해요.

교사: 음… 만약 안 되면, 즉 'if not'이면 다시 한 번 자신을 되돌아 봐라?

학생: 네. 자신의 독서에 대해서 좀 더 점검해 봐야 하지 않을까….

토론 세부 주제 2 - 수능 국어 영역을 잘 하려면 어떻게 해야 하는가?

교사: 음… 만약 안 되면 자신을 되돌아 봐라?

학생: 네. 그래서 앞서 말씀드렸던 것 중 하나가 '그래서 무엇을 이야기하고 있는지, 또 문제에서 무엇을 이야기하고 있는지를 좀 더 꼼꼼히 살피고 주의를 기울여야 한다는 말이 여기에 조금 포함된다고 생각할 수 있을 것 같아요.

교사: 음… 그럼 이게 빨리 읽는다고 능사가 아니구나.

학생: (격하게 공감하며) 네. 제가 생각하기에는 그래요. 제가 굉장히 글을 천천히 읽는 편인데요. 처음에는 그게 장애요소

였는네, 나중에는 천천히 꼼꼼히 읽게 되니까 빨리 읽고 나중에 다시 한 번 더 찾아서 읽게 되는 것보다는 훨씬 정확하게 문제에 접근할 수 있었던 것 같고 문제에 빠르게 접근할 수 있었던 것 같아요.

교사: 아… 그러니까 정확도가 높아지다 보니까 속도가 빨라지는 거구나.

학생: 네. 그러니까….

교사: 빨라서 해결될 문제가 아니고… 정확도가 높아지니까 빨리지는 거구나.

학생: 네. 제가 보기에는 글을 읽는 데서 시간을 세이브하려고 하기보다는 문제 푸는 데서 좀 더 시간을 세이브하려고 해야 할 것 같아요.

교사: 음… 그렇군. (중략) 자, 그럼 조금 다른 질문으로 넘어가 보자. 네가 수능시험을 봤을 때도 EBS 교재 문제가 70% 연관되어서 출제되었지?

학생: 네.

교사: 그럼 EBS 교재를 샅샅이 보는 것이 도움이 될까?

학생: 저 같은 경우에는 수능에 연계가 되었기 때문에 EBS 교재를 풀기보다는 수능 문제를 조금 더 잘 풀 수 있게 하는 연습 삼아, 도구 삼아 EBS 교재를 썼던 것이 다(all)였

습니다. 국어 같은 경우에도 연계가 되는 것은 분명한데, 항상 내용은 바뀌어 있어요. 그럼 어차피 다시 읽어야 되거든요. 그러니까 EBS 교재의 내용을 달달 외운다거나 하는 것이 능사는 아니라고 생각돼요.

교사: EBS 교재의 문제를 공부하는 것이 도구가 되어야지 본질이 되어서는 안 된다? 이런 이야기냐?

학생: 네. 이 점에 있어서는 조금 있다가 영어 영역에 대한 토론을 할 때 조금 더 말씀드리겠습니다.

교사: 조금만 그것에 대해서 더 이야기해 보자. 영어 영역의 경우 EBS 교재에 나오는 지문을 미리 알고 있으면 문제 푸는 데 상당한 도움이 된다고 하던데. 그건 사실인가?

학생: 그것 자체는 사실이라고 할 수 있어요. 특히 영어 지문 같은 경우는, 재미있는 것이, 이게 논문이어서 바꾸지를 못한다고 해요. 그래서 토씨 하나, 반점, 온점 하나 안 틀리고 그대로 나온다고 하더라고요. 그래서 사람에 따라서는 EBS 교재를 보는 것이 도움이 된다고 하던데요. 하지만 EBS 교재에 나오는 영어 지문이 너무 많아요. 거의 1,000개에 육박한다고 하더라고요. 그렇게 본다면 그걸 다 외우려고 하는 시간에 차라리 어떤 지문이 나오더라도 해석할 수 있는 힘을 기르는 것이 훨씬 더 낫다고 봐요.

교사: 음… 그렇구나.

학생: 네. 그래서 제가 영어 공부할 때도 항상 봤던 것이, 외우려고 하는 친구들이 굉장히 많았거든요. 그렇게 해서라도 잘 맞출 수 있다면 좋겠지만, 제가 보기에 수능 영어 영역 문제를 내는 취지가 '이걸 외워라'는 것은 아니라고 생각했고, 그래서 항상 그냥 외우려고 하지는 않았어요.

(중략)

교사: 자, 그럼 조금 다른 문제로 넘어가 보자. 수학 능력 시험에 나오는 국어 영역 문제에는 몇 개 정도의 유형이 있다고 생각하냐?

학생: 음… (약 10초 정도의 고민 후에) 정말 솔직하게 가감 없이 이야기해서 저는 하나밖에 없다고 생각해요.

교사: 그게 뭐냐?

학생: '지문을 읽고 잘 푸는 것'인데….

교사: (눈살을 찌푸리며) 음….

학생: 왜 그러잖아요. 농구도 '가장 잘 하는 사람은 결국 공을 던져서 림 안에 잘 통과시키는 사람'이라고들 하잖아요. 그러니까 수능 국어 영역도 결구에는 '잘 읽고 잘 푸는 사람'이 결국에는 수능 국어 영역 잘 하는 사람인데….

교사: 지금 장난하는 거냐? (웃음)

학생: (웃음) 항상 사람들이 문학, 비문학을 나누고, 일치, 불일치… 이런 식으로 유형을 나누는데… 국어 영역에서는 문제를 푸는 과정이 결국에는 문제 낸 것을 보고서 그 글을 얼마나 잘 이해했느냐를 보여주는 것이라서….

교사: 그건 그렇지.

학생: 그러므로 저는 국어 영역의 문제 유형은 한 가지밖에 없다고 생각해요. (웃음)

교사: 사실 그 점에 있어서는 나도 어느 정도 공감이 간다. 왜냐하면 논술을 지도하는 선생님들의 입장에서 보면 수능 국어 영역의 문제는 때로 '매우 쉬워'보일 때가 있기 때문이지. 무슨 이야기인가 하면 논술은 묻는 답을 직접 만들어 내야 하는데 수능 국어 영역은 시험지에 적혀 있는 ①~⑤번 선택지 중에 이미 있는 것 아니냐 이 말이야.

학생: 네.

교사: 그러니까 그 수능 국어 영역 문제는 논술의 가장 기본이라고 할 수 있는 '제시문 읽고 이해하기'의 수준을 벗어나지 못한다는 말이지. 사실 '제시문 읽고 이해하기'만 해가지고는 논술 문제 답안을 쓸 수가 없거든. '제시문 읽고 이해하기'는 가장 기본이고, 그것을 하고 난 다음에 제시문을 요약하거나, 두 개의 제시문의 내용을 비교 분석하거

나, 하나의 제시문의 입장에서 다른 제시문을 비판하거나… 이런 과정을 거쳐야 논술 문제의 답안을 작성할 수 있지. 그래서 논술 지도 선생님들의 입장에서 보면 방금 네가 이야기했던 '국어 영역의 문제 유형은 결국 한 가지, 즉 잘 읽고 잘 이해하기'라는 부분은 충분히 인정할 수 있을 것 같다.

학생: 네. 그래서 저는 '감히' 국어 영역의 문제 유형은 한 가지, '읽고 이해하기'라고 생각해요.

교사: 음. 그렇군. 자, 그러면 다음 질문으로 넘어가 보자. 사실 내가 방금 전의 질문(국어 영역에는 몇 가지 문제 유형이 있다고 생각하는가?)을 했던 취지는 이런 거야. '국어 영역에는 수많은 문제 유형이 있는데, 그 여러 가지 유형을 하나하나 따로 분류해서 유형별로 접근법(해법)을 찾는 것이 효과가 있을까?

학생: 음….

교사: 이 질문은 두 가지 측면에서 답을 해 줘야 하는데, 첫 번째 측면은 '유형별 접근법을 찾는 공부 방법, 그 자체가 효과가 있느냐?'고, 두 번째 측면은 '설령 그 방법이 효과가 있다고 하더라도 너무 많은 문제 유형이 존재하기 때문에 시간이 너무 오래 걸려서 실질적으로는 효과가 없지 않을

까?'다. 이 두 가지 측면에서 실제 수능 준비를 했던 학생으로서 솔직하게 답을 해 주었으면 한다.

학생: 음… 생각할 시간을 좀 주시겠습니까?

교사: 그러지.

학생: (약 20초 정도를 생각한 후에) 문제 유형별로 접근하라는 사람들이 제법 많이 있지요. 특히 학원가에서 일하시는 분들 중에서 그렇게 말씀하시는 분들이 많은데요….

교사: 왜냐하면 그렇게 하면 잘 팔리거든. (웃음)

학생: (웃음) (중략) 선생님 질문에 대해서 '굳이' 답변을 드리자면 저는 '유형별 학습법'은 별로 의미가 없다고 생각해요.

교사: 몇 번째 측면에서 의미가 없는 거냐? 첫 번째 측면은 '유형별 접근법을 찾는 공부 방법, 그 자체가 효과가 있느냐?'고, 두 번째 측면은 '설령 그 방법이 효과가 있다고 하더라도 너무 많은 문제 유형이 존재하기 때문에 시간이 너무 오래 걸려서 실질적으로는 효과가 없지 않을까?'인데…

학생: 첫 번째 측면에서부터 그리 의미가 있는 것 같지 않아요. (왜냐하면) 제가 제 주변에 국어 영역 잘 하는 친구나 선생님들께 ('이 문제 어떻게 풀었냐?'라는) 질문을 한 적이 많아요. 그런데 질문을 할 때마다 그 분들이 했던 대답은 하나였어요. "읽으니까 그냥 답이 나오던데…" 이거였거든요.

교사: (허탈함 끝에 나오는 실소를 금치 못함)

학생: (미안한 듯 같이 웃으며) 그게 일관된 답변이었거든요. (중략)

교사: 참… 다른 사람들이 들으면 정말 '재수 없는' 답변으로 들릴 수도 있겠는데….

학생: 그런 오해를 받을 소지가 많죠. 그런데 그게 또 어떤 면으로 보면 맞는 말인 것이 학원 선생님들도 "끝까지 파고 들어가 보면 결국 맞는 답이 나온다."라고 했던 것을 생각해 보면 그 말이 맞는 것 같아요. 결국 유형을 나누어서 공부하는 것은 별 의미가 없는 것 같아요. 차라리 문학, 비문학으로 나누어서 접근하는 것은 어느 정도 의미가 있을 것, 그건 어느 정도 의미가 있을 것 같아요.

교사: 자, 그러면 국어 영역에 대한 마지막 질문이다. 지금까지의 이야기는 어디까지나 제시문에 나오는 내용을 '읽을 수 있다'는 점을 전제로 하고서 하는 것인데, 고전 문학 같은 경우에는 읽는 것 자체가 매우 어렵단 말이지.

학생: (격하게 공감하며) 네. 맞아요.

교사: 외국어 같은 글을 써 놓고서 '자, 이 작품에 대한 감상을 골라 봐라'라는 식의 문제를 출제하는데. 자, 이런 고전 문학 작품을 공부할 때는 어떤 접근법이 필요할까?

학생: 그게….

교사: 이건 경험밖에 없는 건가? 고전 문학 작품을 많이 접해서 그 시대에 사용된 언어에 친숙해질 수밖에 없는 건가?

학생: 맞는 것 같아요.

교사: 음….

학생: 이게 조금 재미있는 이야기라면 재미있는 이야기인데요. 저는 경상도 사투리를 조금 잘(?) 알다 보니까…. 경상도 사투리에는 고어(古語: 옛날 말)가 많이 남아 있다 보니까 고전 문학을 읽었을 때 '맹글다'와 같은 어휘가 더 잘 이해됐던 것 같아요. (웃음) 그런 특수한 점을 제외하고서 고전 문학에 접근할 때 필요한 팁을 좀 이야기하자면 소리 내어 읽어 보면 연음과 같은 부분들이 더 잘 이해되기도 해요. 그리고 저 같은 경우에는 시중에 나온 참고서 중 고전 문학 작품만 모여 있는 것을 하나 사서 공부했습니다.

교사: 그런 것들이 도움이 되었다고 생각하는구나.

학생: 네.

(중략)

교사: 자, 그럼 또 하고 싶은 이야기가 있을까? 국어 영역에 있어서?

학생: 다시 한 번 말씀드리지만 가장 중요한 것은 이해하는 것과 내가 주체적으로 문제를 헤쳐 나가는 것. 그것이 가장 중요한 것이라고 생각해요. 예를 들어서 일치·불일치 유형

의 문제를 생각해 봤을 때, 선택지를 보고서 맞다 아니다를 판단하기 시작하기보다는 제시문을 읽고 난 다음 선택지를 보는 즉시 맞다 아니다의 판단이 끝나도록 하는 것이 좋을 것 같습니다.

교사: 그렇지.

학생: 그렇게 공부를 하면 좋지 않을까 생각해요.

교사: 그렇지. 지금 네가 한 말을 조금 다른 말로 풀어서 설명해 보자면 이런 거겠지. 5명의 친구들 중 한 명의 학생이 어떤 에피소드를 말하고 있는데, 말하는 학생을 포함한 4명의 학생들은 이야기의 스토리를 모두 잘 이해하고 모두가 궁금해할 만한 질문을 간간히 던지고 있는 데 반해서, 꼭 보면 "지금 이게 무슨 뜻이냐?"라고 질문하거나 얼토당토 않은 질문을 해서 친구들이 그냥 조용히 있으라고 면박을 주는 친구가 한 명씩 있기 마련이잖아.

학생: (웃음) 그렇죠.

교사: 그러니까 그런 이해력이 좀 떨어지고 다른 사람들이 공감하지 못하는 생각과 질문을 하게 되면 수능 국어 영역에서 좋은 성적을 거두기란 매우 어렵다. 이 정도로 설명할 수 있을 것 같은데?

학생: 적절한 비유 같습니다.

교사: 그러니까 남들이 듣고서 충분히 인정할 만한 생각을 가져야 한다?

학생: 네.

교사: 그렇지. 모든 사람들이 두루 인정할 수 있는 '보편적인 생각'을 하는 것. 이것이 국어 영역 정답 찾기의 요점이라고 할 수 있지. 그런데 이것이 참 수능 국어 영역에 있어서 제기된 오래된 문제의식 중 하나와 깊은 연관이 있는 거야. '우리나라 수능 국어 영역 문제가 우리나라 청소년들 창의력 다 죽인다'고. 그러니까 결국에는 다른 사람, 특히 출제자의 생각에 내 생각을 똑같이 맞춰야 되는 거야. 독특하게 생각하면 틀려. (웃음)

학생: (웃음) 그게 참 재미있는 것인데….

교사: 똑같은 것을 보고도 '이건 이렇게도 해석할 수 있지 않을까?'라고 생각하는 사람들이 있거든. 그런데 그렇게 해석하면 돌아오는 대답은 "그렇게도 생각할 수 있지만, 그 생각에 대해서 그렇게 많은 사람이 동의할 것 같지 않다. 그러므로 너의 생각은 정답이 아니다."이런 대답이 돌아오는 거야. 그래서 결국 15년 정도 전에 수능을 준비했던 학생들 중에서 그런 이야기했던 학생들도 있었다고. "수능 국어 영역은 다수의 횡포다."라고. 그런데 그런 이야기를 누

군가가 하면 그 옆에 있던 똑똑한 친구가 또 이런 이야기를 해. "다수가 맞다고 생각해서 정답이 되는 것이 아니라, 정답이 될 만하니까 다수가 인정하는 것"이라고. 그럼 그 친구랑 아까 그 친구랑 멱살 붙들고 한 번씩 대판 싸우고 그런 적도 가끔 있었지. 그러니까 정리해 보자면 '어느 정도의 보편성은 있다. 그러므로 국어 영역 정답을 인정하는 것에는 큰 무리는 없을 것이다.' 정도가 되지 않을까.

학생: 네. 그렇죠. 학원 국어선생님도 자주 하셨던 말씀이 문제를 봤을 때 그냥 '적절한 것을 고르면?'이라는 문제는 없다고. 항상 '가장 적절한 것을 고르면?'으로 나온다고. 여기서 중요한 것은 '가장'이라고. 그리고 독특한 생각을 하는 것도 좋지만 출제자도 그런 생각이 있을 수 있다는 점을 염두에 두고서 문제를 내기 때문에 정답이 바뀌거나 복수 정답이 될 가능성은 거의 없을 거라고요.

(중략)

교사: 지금까지 이야기한 것을 요약하자면 크게 다음 두 가지지? '주체적인 자세로 생각하고 공부해야 한다.', 그리고 '문제 출제자, 제시문, 문제가 무엇을 묻고 이야기하고 있는 것인지를 생각할 줄 알아야 한다.'

학생: 네. (그 두 가지가) '수능을 관통하는 일반적 원리, 혹은 원

칙'이라고 할 수 있죠. (웃음)

교사: 그렇지. 결국에는 '슛을 쏴서 골을 넣으면 된다.'(웃음)

학생: (웃음) 네.

(중략)

교사: 자, 그럼 지금부터는 수능 수학 영역을 잘 하려면 어떻게 해야 하는지를 이야기해 보자.

학생: 네.

교사: 사실 네가 수학은 처음부터 잘 했던 것으로 기억하는데.

학생: 다른 영역에 비해서는 잘 했죠.

교사: 본격적으로 수능 수학 영역 공부를 시작했던 것은 언제냐?

학생: 고등학교 3학년 올라 와서요.

교사: 고3부터?

학생: 네. 입시에 대한 감각이 생기면서 시작했던 것 같아요.

교사: 음… 그러면 고등학교 2학년 11월 모의고사 성적이 기억나니? 국어, 수학, 영어, 탐구 모두 다 해서….

학생: 국어가 5등급, 수학이 1~2등급 정도, 영어가 3등급, 탐구가 정확하게는 기억이 안 나네요…. 아, 2등급이었습니다.

교사: 탐구 두 과목 다?

학생: 네. 둘 다 2등급이었습니다.

교사: 음… 전체적인 성적 변화를 보니, 다른 것은 둘째 치고 국어 영역은 정말 그야말로 상전벽해(桑田碧海)로구나. 실제 수능에서는 1등급을 받았지?

학생: (웃음) 네.

교사: 그건 독한 고민의 결과냐?

학생: 독한 고민이라고까지 할 만한 것은 아니었는데…. (수능시험 공부 당시 나름의 고민을 한) 결과적으로 좋은 결과가 나왔던 것 같습니다.

교사: 그렇다면, 잠깐만 국어에 대한 이야기로 돌아가 보자. 처음에는 너도 국어 영역 시험 칠 때 시간이 모자랐을 것 같은데?

학생: 네. 시간이 모자랐죠. 풀었던 문제는 대부분 맞췄었는데, 남겨둔 문제가 거의 세 개, 네 개 지문씩 되었었죠.

교사: 음… 그랬던 국어 영역이… 어느 시점부터 성적이 향상되었을까?

(중략)

학생: 본격적으로 공부 시작한 지 한 달 정도 되니까 4등급, 3등급까지는 향상되었는데, 그 이후로는 성적 향상이 잘 안 되었었죠. 그러다가 갑자기 상위권으로 성적이 뛰었던 것은 수능 1주일 전이었어요.

교사: 어떤 계기가 있었나?

학생: 아까 전부터 말씀드렸던 것인데요. '주체적으로 내가 생각해 봐야 하겠다'는 생각을 갖게 된 순간부터 성적이 향상되었던 것 같아요. 실제로 그런 생각 덕분에 영어 영역 성적 향상에도 큰 영향을 주었던 것 같고요.

교사: 이건 완전히 지눌 선사가 이야기했던 돈오(頓悟) 같은 느낌인데… 갑작스러운 깨달음(돈오)!

학생: (웃음) 네. 그런 것이라고 생각하는데요. 조금만 더 구체적으로 설명을 드리자면 상당수 학생들이 이렇게 이야기를 하더라고요. "왜 ③번을 골랐니?"라고 물으면 "잘 모르겠는데요." 혹은 "①번에서 ⑤번 중 ③번을 제외한 나머지 선택지들이 정답이 아닌 것 같아서 ③번을 골랐다."고.

교사: 그건 좀 좋지 않은 것 같은데.

학생: 그렇죠. 그런데, 주체적으로 생각하게 되면 '내가 어떻게 생각했다'는 과정이 나오기 때문에 '내가 이래서 틀렸구나.'라는 부분이 나오는 것 같아요.

교사: 음….

학생: 특히 국어 같은 경우에는 애매한 부분이 있는 것 같은데, (주체적으로 생각한 과정이 있었기 때문에) 그 부분에 대한 피드백이 잘 되었던 것 같아요.

교사: 그렇구나. 좋아. 그럼 이제 수학 영역에 대해서 본격적으로 이야기해 보기로 하자. (중략)

토론 세부 주제 3 - 수능 수학 영역을 잘 하려면 어떻게 해야 하는가?

교사: 그렇구나. 좋아. 그럼 이제 수학 영역에 대해서 본격적으로 이야기해 보기로 하자. (중략) 수학은 어떻게 해야 잘 할 수 있을까?

학생: 수학은… 만약 여기서 농구 이야기를 또 하면 이제는 욕을 먹을 것 같고… (웃음) 혹시 ≪아웃라이어≫라는 책을 아세요?

교사: 대략 알지.

학생: 그 책에 수학에 관한 이야기가 나오는데요.

교사: 내가 그 책을 완독한 것이 아니라서 그러는데. 그 책에 대한 간략한 요약 설명을 좀 부탁해도 될까?

학생: 말콤 글래드웰이라는 사람이 쓴 책인데요. 경영학 책으로 분류가 되더라고요. 환경에 따라 결과가 달라지므로 내가 경영자의 입장에 섰을 때 직원들에게 어떤 환경을 제공해

야 가장 좋은 결과를 얻을 수 있는지를 설명한 그런 책이라고 할 수 있죠.

교사: 음. 그렇구나. 그런데 그런 경영학 책에서 수학과 관련된 이야기가 나오나?

학생: 네. 그 책은 예시를 통해서 결론을 도출하는 형식으로 이야기를 전개할 때가 많은데요. 대표적인 것이 '1만 시간의 법칙'이라고 해서 비틀즈가 '함부르크 시절'에 엄청 오랜 시간 연습을 했던 결과 세계적인 팝 아티스트가 될 수 있었다는 이야기인데요. 수학 이야기도 그런 예시로서 나온 이야기입니다. 한 국제 학교가 있었는데 그 학교에서는 대다수 학생과 선생님들이 '동양인들은 수학을 잘 한다'는 관념을 갖고 있었다고 합니다. 그 결과 어려운 수학 문제가 나오면 동양인들에게 해법을 알려 달라고 부탁하거나 동양인들에게 칠판에 나와서 문제를 풀어 보라고 시키는 경우가 많았다고 합니다. 그렇게 되자 동양인들은 어쩔 수 없이 수학 공부를 많이 하게 되었고 결국 실제로 동양인들은 대체로 수학을 잘 하게 되었다는 것입니다.

교사: 동양인들이 원래부터 수학을 잘 하는 것이 아니었지만 그런 기대를 받게 된 결과 잘 하게 되더라?

학생: 네.

교사: 그것과 지금 우리의 토론 주제인 '어떻게 하면 수능 수학을 잘 준비할 수 있는가'는 어떤 관련이 있는 거냐?

학생: 조금만 더 그 책 이야기를 하고 나서 말씀드리죠. 프린스턴대학교에서 한 학생이 빈 강의실에 혼자 앉아 있었는데, 그 강의실에는 어려운 수학 문제 딱 한 문제가 칠판에 적혀 있었다고 합니다. 그러니까 그 여학생은 수학 문제 하나를 풀기 위해서 다른 사람들은 모두 떠나고 없는 강의실에 남아서 계속 그 문제를 뚫어져라 쳐다보며 해법을 찾기 위해서 끙끙거리고 있었던 거죠. 제가 생각하기에는 이게 수학 공부라고 생각하거든요.

교사: … (약 1초간의 정적이 흐른 후 학생과 교사 모두 엄청 큰 웃음을 터뜨림)

학생: 참… 철학과 학생이라서 그런지 뭔가 모범적인 답이 안 나오네요. (웃음)

교사: (웃음) 우리 악수 한번 하자. (악수를 나눈 후) 내가 인정한다. 그게 정답이다. 단, 한 가지 추가해서 물어 보자. 미리 예습한 다음에 '내가 어디까지는 이해했는데 어디서부터는 이해가 안 되더라'라거나 '나는 이렇게 생각해서 이렇게 답을 도출했는데 왜 정답이 안 나왔을까' 정도의 생각은 있어야, 즉 목적지까지 이르는 데 필요한 '조각난 지도'

정도는 들고 있어야 수학 문제, 혹은 선생님의 강의를 뚫어져라 쳐다보는 것이 의미가 있지 않을까?

학생: 아, 제가 이야기하는 것은 그 '조각난 지도'를 만드는 과정에 대한 것인데요.

교사: '조각난 지도'를 만드는 과정에서도 몇 시간 동안 뚫어져라 쳐다보며 고민하는 것이 필요하다?

학생: 네. 그러니까 내가 모른다고 그냥 답을 찾아 봐서는 안 되고, 계속 고민을 하는 과정에서 (문제해결능력보다는) 수학적인 능력을 늘릴 수 있다고 생각해요.

교사: 음… 그럼 그 '조각난 지도'를 만드는 과정, 안 풀리는 수학 문제를 하염없이 쳐다보고 있는 그 과정, 그 과정이 엄청 '쓰지(괴롭지)'?

학생: (한숨을 내쉬며) 엄청 '쓰지요.' 생각보다 많이 쓰죠.

교사: 결과적으로 해결된다는 보장도 없는 그 쓰디쓴 과정을 거쳐야한다는 이야기인데…. 이걸 계속 참고서 고민하고 있는 것이 엄청 힘들 것 같은데….

학생: 힘들긴 한데요. 그게 (하다 보면) 또 재미있는 것이, 그렇게 해서 한 문제라도 답을 발견하게 되면 그다음부터는 이게 절대 '쓰지(괴롭지)' 않아요.

교사: (격하게 공감하며) 그렇지! 그렇지!

학생: 이게 (답이) 안 나오면 안 나오는 대로 의미가 있는 것 같고
요. (한 번이라도 정답을 찾는 경험을 해 보면) 정답이 안 나오더
라도 그 과정이 절대 '쓰게' 느껴지지 않는 것 같아요.

교사: 음… 그런데, 이것이 정말 힘든 게… 그렇게 쓰디쓴 과정
을 거치면서도 계속해서 집중력을 유지한다는 것이 굉장
히 힘들지. 그래서 만약 우리가 여기서 이야기를 멈춰 버
리게 되면 '쓰디쓴 과정을 참아라.' 정도의 결론밖에는 내
놓지 못하게 되기 때문에 '이 쓰디쓴 과정을 어떻게 견뎌
낼 것인지'라는 차원, 즉 'HOW'의 차원에서의 이야기를
해 주어야 할 것 같다. 또한 수학의 단원별로 '이 단원에서
는 이렇게 생각하는 것이 고민의 시간을 줄이는 데 도움
이 될 것이다.'라는 구체적이고 기술적인 부분에 대한 이
야기도 좀 해 주었으면 좋겠다. 먼저 첫 번째 문제부터 이
야기를 해 보자. 그 '쓰디쓴' 과정을 '어떻게' 극복해야 하
나? 정말 인내심밖에는 답이 없는 건가?

학생: 제 개인적인 경험에 비춰 봤을 때에는 선생님의 역할이 굉
장히 중요했던 것 같아요. 제가 다녔던 수학 학원에서는
선생님이 일방적으로 문제의 해법을 가르쳐주시는 일반적
인 수업 방식과는 달리, 제가 안 풀리는 문제를 고민하고
있으면 그때는 전혀 개입하지 않으시다가 제가 한두 시간

고민한 결과 도저히 안 되겠다고 생각을 해서 문제를 들고 찾아가면 선생님이 '정답과 해설을 보지 않은 상태'에서 그 문제를 저와 이야기해 가며 같이 고민했습니다.

교사: (굉장히 놀라며) 이야! 그 분이 뭔가를 좀 아시네.

학생: 네. 저는 그 분이 뭔가를 좀 안다고 생각해요.

교사: 그런데, 반면에 그렇게 되면 가르치는 선생님 입장에서는 조금 '위험 부담'이 있을 것 같은데….

(중략)

학생: 답지를 안 보고 같이 고민해 주셔요. 그럼 저랑 같은 방향으로 접근할 때도 있고 다른 방향으로 접근할 때도 있는데, 같은 방향이면 제가 갔던 길을 그대로 따라가신 다음 그 지점에서 목적지까지 가는 길을 찾아 주셔요. 그리고 제가 가지 않은 방향으로 가실 때면 새로운 해법이 나올 때도 있고. 그런데 그렇게 하시다가 끝내 답이 안 나올 때도 있어요. 선생님도 답지를 안 보셨기 때문에 가끔 모르실 때가 있는 거예요. 그렇게 되면 같이 정답을 보고서 답지의 내용을 '재해석'해서, 풀어서 설명해 주셨어요.

교사: 음… 그럼 여기서 생기는 의문이 '그렇게 했을 때와 일반적인 수업 방식으로 수업했을 때 학생 입장에서는 어떤 차이가 있을까?'

학생: 음… 제가 여기서 잘못 이야기하면 수학선생님이 어떻게 생각하실지…. (여기서 교사와 학생 모두 웃음이 터져 나옴) 좀 위험하기 때문에…. (웃음)

교사: (웃음) 음… 그런데, 이 부분은 네가 아무런 가감 없이 이야기해 줘야 해. 왜냐하면 우리는 지금 수능시험을 어떻게 준비할 것인가에 대한 '과학적'인 토론을 하고 있는 거라고. 원래 '과학적인' 이야기를 하는 사람들이 어떤 권력에 의한 박해를 받을 때가 많다고. 갈릴레오가 종교 재판에 끌려간 것도 그런 거야.

학생: 네. 그렇죠. 그 당시 교회에서는 '천동설'을 정설이라고 했으니까요.

교사: 그렇지. 그러니까 그 당시에는 천동설보다 과학적인 학설인 '지동설'을 주장하면 교회 입장에서는 살려둘 수 없는 사람이 되는 거야. 그래도 당시의 갈릴레오와 같은 과학자들의 입장에서는 지동설을 이야기할 수밖에 없는 것이, 그렇지 않으면 세상 사람들은 영원히 천동설을 통해서밖에 세상을 바라볼 수가 없는 거야. 잘못된 생각을 갖고 있는 채로 평생을 살아야 하는 거지.

학생: 맞아요.

교사: 그러니까, 지금 우리는 이 점에 대해서 가감 없이 이야기

해야 해. 그렇지 않으면 또 수학을 공부하려고 결심한 사람들에게 과학적이지 못한 결론을 이야기하게 되는 거야. 그리고 너야 지금 여기서 이야기하면 그것으로 끝날 수도 있겠지만, 나는 이 토론의 내용을 가지고 내 이름이 적힌 책을 쓰려고 하는데, 자칫 잘못하면 나는 (그 누군가로부터) 죽일 놈이 될 수도 있는 거야. 물론 그 책에 네 이름도 같이 나오겠지만. (웃음)

학생: (웃음) 그렇죠.

교사: 자, 그러니까 이거는 가감 없이 이야기해 주기 바란다.

학생: 지금 최대한 둥글게 말하려고 길을 찾고 있어요. (웃음)

교사: 이건 사실이 둥글면 둥글게, 사실이 모나면 모나게 이야기해 줘야 한다.

학생: (매우 조심스러운 어조로) 음… 답지를 숙지하게 되면요. 제 생각에는 학생들이 수학에 대한 흥미를 잃어버리는 것 같아요.

교사: 잠깐만. 여기서 답지를 숙지하는 주체가 누구냐? 수학선생님이냐, 아니면 수학을 공부하는 학생이냐?

학생: 아… 제가 빠뜨렸네요. 선생님이요.

교사: 음. 그렇군. 자, 그럼 선생님이 답을 숙지하고 오시면 학생들이 수학에 흥미를 잃는 이유가 뭐라고 생각하냐?

학생: 아… (선생님이) 답지를 숙지하고 오시게 되면요, 선생님이 가르치는 내용이나 책의 맨 뒤에 있는 내용이나 똑같게 되거든요. 그렇게 되면 수학에 대한 흥미나 재미를 찾지 못하게 되고요. 좀 심한 경우에는 굳이 수업을 왜 들어야 하는지에 대한 의문을 품게 되는 경우도 있는 것 같아요.

교사: 음… 그건 그럴 듯하다. 과학적이네. 수업 내용, 즉 칠판에 점점 완성되어 가는 과정이나, 책 맨 뒤에 나오는 정답 및 해설이나 똑같으면 그냥 정답 및 해설을 보면 되겠지.

학생: 네. 그래서 그러다 보면 학생들이 점차… 가장 중요한 것이 수학에 대한 흥미를 잃는 건데요. 잃게 되면 이제 '쓴 것은 그냥 쓰구나.'라는 생각이 다(all)가 되어버리는 것 같아요.

교사: 음… 언젠가는 그 '쓴맛'이 '단맛'으로 바뀌어야 하는데, 계속 쓴맛으로만 남아 있는….

학생: 네. 된장도 처음 먹을 때는 쓰지만, 먹다 보면 '시원해지잖아요?'

교사: 음. 그렇지.

학생: 네. 제가 생각하기에 선생님들이 바라시는 것은 '학생들이 미리 고민을 해 온 상태에서 내(선생님)가 답지를 재해석해 주는 것을 학생들이 보면서 맞춰가는 그 과정'인 것 같은

데, 처음부터 선생님이 들어오실 때 그런 말씀은 안 하시
잖아요. 보통은 그냥 '수학시간이고 선생님 성함은 어떻게
되고 앞으로 이렇게 진도를 나갈 것이다'까지지 '앞서서 문
제를 풀어와야 하고' 이런 말씀은 안 하시잖아요. 그런 과
정을 겪다 보면 친구들이 흥미를 잃는 경우가 많더라고요.

교사: 음… 그렇구나. 여태까지는 어려운 문제를 어떻게 푸느냐
에 초점을 맞춘 것 같은데, 그럼 쉬운 문제나 기초적인 개
념 공부는 어떻게 해야 할까? 이것까지 선생님과 함께 장
시간 고민할 수는 없는 것 아닐까? 쉬운 문제나 개념 공
부 정도는 혼자서 공부하거나 선생님으로부터 직접적인
지도를 받는 것이 좋지 않을까?

(중략)

학생: 혼자서도 충분히 풀 수 있는 문제라면 선생님과 함께 장
시간 고민할 필요는 없겠죠. 그런데 대체로 진짜 문제가
되는 것은 정말 어려워서 잘 풀리지 않는 문제들이거든
요. 심지어 저는 한 문제 때문에 두 시간을 고민해 본 적
도 있어요.

교사: 음… 그렇지. 그 정도의 고민이 필요하겠지. 나는 그 고민
의 시간으로 적절한 정도를 한 시간 정도로 봐. 한 시간
봐서 답이 안 나오면 그때는 선생님의 도움을 받거나 정

답 및 해설을 보고 공부하는 것이 좋다고 생각해.

학생: 네. 맞아요. 몇 분 정도 고민하고 답이 안 나왔다고 해서 포기하면 안 되는 것 같아요.

교사: 너와 같이 이야기하다보니 지난번에 EBS에서 방송했던 수학 다큐멘터리의 내용이 생각난다.

학생: 어떤 내용인가요?

교사: 수학자들에게는 풀리지 않는 의문이었던 '페르마의 정리의 증명 문제'가 풀리는 과정 말이다. 페르마라는 수학자가 공식 하나를 유도해 냈는데, 그 유도 과정은 적어 놓지 않고 죽은 거야. 여러 수학자들이 그 공식을 증명하기 위해서 애를 썼지만 수백 년 동안 풀리지를 않았었지. 그런데 어떤 앞길이 창창한 수학자가 어느 날 갑자기 짐을 싸 산 속으로 들어가서 몇 년을 끙끙거리면서 페르마의 정리를 증명하는 방법을 알게 된 거야. 그래서 방금 산 속에서 나온 허름한 옷차림의 그 수학자가 한 대학교의 수학 강의실에 나타나서는 페르마의 정리를 증명하는 데 성공했다고 한다. 그리고는 다른 사람들의 축하도, 상금도 받지 않고서 홀연히 사라져 버렸다는 거야.

학생: 네….

교사: 그렇게 수학 한 문제 풀기 위해서 몇 년을 입산수도(入山修

道)하는 자세. 그것이 바로 수학을 대할 때 우리가 가져야 하는 태도가 아닐까 하는 생각을 하게 되었다. 너랑 이야기하다 보니까 말이다.

학생: 네…. 어쩌면 고대 철학자 가운데 수철학(數哲學)을 했던 사람들이 그런 마음으로 했지 않았을까 생각되기도 하네요.

교사: 음… 그렇겠지. 그런데, 이건 좀… 선생님들 입장에서는 위험 부담이 좀 크다.

학생: 아무래도 좀 그렇죠.

교사: 그럼 이렇게 하면 안 되나? 선생님이 미리 문제를 풀어 봐서 정답 및 해설을 알고 있는 상태에서 학생들이 충분히 고민하기 전까지는 답을 알려주지 않는 방식으로 말이야.

학생: (잠시 고민하더니) 그런데… 그게 좀 미묘한 차이가 있겠죠.

교사: 아무래도 그렇겠지?

학생: 네.

교사: 진짜로 모르는 거랑, 아는 데 모르는 척 하는 거랑 다르겠지?

학생: 네. 그런데 이게 (수학선생님과 같이 한 문제를 두고 고민하는 방법이) 학생 수가 많은 수업에서는 좀 힘들 거라고 생각이 들어요. 그래서 제가 생각해 낸 타협점은 이런 거예요. 수업에 들어가기 전에 제 스스로가 문제에 대해서 충분히 고민을 하고 난 다음 수업을 듣는 거예요. 보통 학생들이

맞춘 문제는 선생님의 해설을 잘 안 듣는데, 저는 (제가 생각하는 타협점은) 맞춘 문제까지 하나하나 다 듣는 거예요. 그렇게 되면 같은 문제에 대한 다른 해법을 알게 되기도 하고요. 같은 방법이면 제가 옳게 생각했다는 것을 확인하는 계기가 되기도 하고요.

교사: 음… 그렇구나. 그럼 여기에서 두 가지만 더 이야기해 보도록 하자. 다시 정리하자면, 기초적인 개념은 일방적인 강의를 듣는 것이 좋고, 어려운 문제라면 진지한 고민과 나와 동등한 입장에 있는 사람과의 대화를 통해서 해결하면 된다는 이야기인데….

학생: 기초적인 개념도 가급적이면 '왜 그럴까?'라는 궁금증을 가지고 배우면 더 효과적이지 않을까 생각합니다.

교사: 음. 그렇군. 그럼 수학의 단원별 접근법은 없을까?

학생: 그게 제가 참 대답하기 어려운 부분입니다. 제가 수학 과외를 못하는 이유이기도 하고요. 만약 저에게 수학을 배우는 학생이 "이 단원의 이 문제를 풀 때 어떻게 이런 생각이 떠올랐나요? 그런 생각은 어떻게 하면 떠올릴 수 있죠?"라고 물으면 제가 할 수 있는 대답은 "그냥 떠올랐는데…"밖에 없어요. 그러니까 단원별로 뭘 더 생각해야 할까를 물어본다면 더 이상 이야기할 것이 없는데, 그래도

뭔가 이야기해 보라고 하면 "그래프를 그려 보는 것이 좋겠다."라고 이야기할 것 같아요.

교사: 그건 나도 동감한다. 수능 수학 문제의 거의 대부분은 그래프를 그릴 줄 알면 거의 다 해결되는 것 같더라. 그래프를 그릴 수 있게 되면 '해가 있다, 없다', '해가 몇 개다', '서로 만난다, 만나지 않는다', '면적은 얼마다' 등등의 문제가 자연스럽게 해결되는 경우가 많이 있지. 심지어는 확률 통계 같은 문제들에서도 확률 밀도 함수 등의 그래프를 그리면 해결되는 경우가 많으니까 말이다.

학생: 네. 그래서 그런 (디테일한) 부분만 제외한다면 수학이라는 것은 (스스로가) 치열하게 고민해 보는 것이 다(all)인 것 같아요.

교사: 음. 그렇군. 그렇게 생각해 보니 수학이라는 것은 '중간이 없는' 과목이구나. 치열한 고민의 결과 답을 찾을 수 있는 능력을 기르면 거의 모든 것이 해결되고, 그 능력을 기르지 못하면 결국 거의 모든 것이 물거품이 되어버리는 과목. 그래서 그런지 몰라도 학생들의 수능 수학 성적 분포도를 보면 평균 점수가 굉장히 낮고 낮은 점수에 대다수 학생들이 몰려 있고 소수의 고득점 학생들이 그 반대쪽에 몰려 있는 그래프가 그려지지. 그러니까 표준 정규분포

그래프의 봉우리보다 봉우리가 왼쪽으로 확연히 치우치는 그런 그래프.

학생: 그런 것 같습니다.

(중략)

교사: 그래서 결국 수학 공부의 방법은 '장시간의 고민'이구나. 그 고민의 결과 답을 도출하는 능력이 길러지면 점수가 상승하는 것이고, 그 능력을 기르지 못하면 일정 수준 이상의 점수를 얻을 수 없는…. 그리고 도대체 그런 능력은 '장시간의 고민' 외에 무엇으로 기를 수 있느냐고 묻는다면 '그… 그… 그냥…'이라고 답할 수밖에 없는 것이구나.

학생: 네. 그런 것 같습니다.

교사: 그래서 바로 이 '장시간의 고민'과 '그… 그… 그냥…'이라는 이 영역을 경계로 수학을 잘 하는 학생과 그렇지 않은 학생이 갈라지는 것이구나.

학생: 그런 것 같습니다. 그래서 수학이나 철학이나 그런 면에서 매우 비슷한 것 같습니다. (여기서 두 사람 모두 박장대소함)

교사: 그렇네. (웃음)

학생: 모든 것이 그렇죠. (웃음)

교사: 국어 공부법도 그렇고 수학 공부법도 그렇고… 뭔가 좀 사기 같다. (웃음)

학생: (웃음) 제가 생각해도 좀 그런 것 같네요.

교사: 그러니까 정리해 보면, 맨 처음 기초적인 개념은 혼자서 공부하든 선생님으로부터 일방적으로 배우든 괜찮지만, 고차원적인 문제로 갈수록 안 풀리더라도 고민하고 그 고민을 좀 같이 해 줄 수 있는 사람이 있으면 더 좋고, 그 결과 정답을 찾는 데까지 이르는 과정을 한 번만 맛보면⋯ (수학을 잘 할 수 있다는 거구나). 마치 소주도 처음 먹을 때는 쓴 맛밖에 안 나지만 자꾸 먹다 보면 어느 날 단 맛이 느껴질 때가 오는 것처럼⋯.

학생: 음⋯ 저는 아직 안 먹어봐서 잘 모르겠는데요. (여기서 다시 두 사람 모두 박장대소함)

교사: 음⋯ '수학=소주'다. '쓴맛이 단맛으로 바뀌는 과정'이다.

학생: 네.

교사: 마지막으로 수학 공부법에 대해서 하고 싶은 이야기는?

학생: 다른 과목도 마찬가지겠지만, 수학도 '좋아하기 시작하면 그때가 시작'인 것 같아요. 중학교, 고등학교 시절에는 수학에 대한 공포심, 지루함을 느끼는 경우가 많은데, 그걸 극복하기 위해서 억지로라도 좀 좋아하려고 할 필요가 있을 것 같아요.

교사: 음. 그렇지. 그리고 내가 생각하기에는 수학 공부할 때 지

금 당장 공부하는 단원이 어렵게 느껴지더라도 꾸역꾸역 여러 문제 틀려 가면서 억지로 공부해서라도 일단 '끝까지 가보는 것', 즉 수학의 모든 단원을 모두 다 공부해 보는 것이 필요하지 않을까 생각해. 그렇게 되면 '지금 하고 있는 것도 어려운데 아직 건드리지도 못한 단원이 많이 남아 있으니 이걸 어떻게 하면 좋아? 그냥 포기하자.'라는 마음과 공부 분량으로 인한 막연함 공포심은 사라지지 않을까 생각한다. 아무리 어렵게 갔던 길이라도 한 번 끝까지 가 본 경험이 있으면 '그래. 그래도 지난번에 한 번 가 봤으니까 이번에도 갈 수 있겠지.' 하는 마음으로 포기하지 않고 계속할 수 있지 않을까 생각한다. 대부분 이게 잘 안 돼서 수학 문제집을 보면 맨 앞에 '집합' 단원이나 '행렬' 단원만 공부한 흔적이 남아 있고, 나머지 부분은 마치 새 책처럼 깨끗하게 되지.

학생: (웃음) 네. 그런 것 같습니다. 그리고 '수학을 왜 해야 하나? 거스름돈만 받을 수 있으면 되지.'라는 생각을 하는 사람이 있는데, 그렇게 생각하기보다는 '출제자와의 대화'라고 생각하고 나의 입장에서 상대방의 이야기를 이해하고 대화하는 법을 배우려는 자세를 가지면 될 것 같아요.

교사: 맞는 말이다. 그래서 어떻게 보면 모든 학문이 다 마찬가

지인 것 같아. 역사도 '역사가와 그의 사실 사이의 대화'라고 할 때가 있으니까 말이다.

학생: 그러게 말입니다.

교사: 자, 그럼 이제 잠시 쉬었다가 수능 영어 영역 공부법에 대한 이야기를 좀 해 보자.

토론 세부 주제 4 - 수능 영어 영역을 잘 하려면 어떻게 해야 하는가?

교사: 이제 수능 영어 영역을 잘 하려면 어떻게 해야 하는가에 대해서 이야기해 보도록 하자. 수능 영어 영역이란 어떤 것이라고 생각해?

학생: 제가 생각하기에는 영어는 '외국어로 된 국어' 같아요. 그러니까 읽고 이해하는 것이 중요하고 답을 도출하는 과정이 중요해요. 국어랑 마찬가지로 주체적으로 생각하고 열심히 이해하려고 노력하는, 그런 것이 중요한 것 같아요.

(중략)

교사: 자, 그렇다면 영어는 '외국어로 된 국어'인데…. 그럼 외국어를 국어로 바꾸는 데까지 성공하면 국어 영역을 푸는 것과

같은 방법으로 접근하면 된다는 이야기인데⋯. 그럼 일차적인 문제는 '외국어를 국어로 바꾸는 과정'이 되겠구나.

학생: 그렇죠.

교사: 그럼 그 '외국어를 국어로 바꾸는 과정'에서는 무엇이 가장 큰 문제가 되는 걸까?

학생: 일단 기본적으로 한국말과 문장 구조가 다르고, 단어가 짐작하기조차도 어려운 그런 점이 장애라면 장애가 되겠죠.

교사: '어휘'와 '문장 구조'가 문제다?

학생: 네.

교사: 사실 이것이 영어 수업할 때 선생님들이 항상 강조하시는 부분이지?

학생: 네.

교사: 문제에 나오는 단어를 모두 알고, 문장 5형식의 해석 방법을 알면 모든 문제는 풀릴 수밖에 없다는 그 이야기인데⋯.

학생: 네. 어느 정도는 맞는 말이라고 생각해요.

교사: 그러면 왜 학생들은 매우 간단한 이야기(단어를 모두 알고, 문장 5형식의 해석 방법을 알면 모든 문제는 풀릴 수밖에 없다는 이야기)인데도 (그 이야기를 실천하는 것이) 잘 안 될까?

학생: 제가 생각하기에는 거기에는 몇 가지 이유가 있는데요. 첫번째로, 제가 했던 실수이기도 한데요, 문장 구조가 왜 중

요한지를 모르는 학생들이 많다고 생각해요. 유명 영어 강사와 같은 어떤 사람들은 '영어를 쓰는 외국인들이 문장 5형식을 따져 가며 영어를 읽을 리는 만무하다. 그러므로 대한민국 학생들도 문장 5형식 따져 가며 읽지 말고 그냥 자연스럽게 해석해라. 그러면 된다.'라고 이야기하기도 하거든요. 하지만 그런 독해 방법은 외국어로서 영어를 배우는 (대한민국의) 학습자에게는 무리가 있다고 생각해요.

(중략)

교사: 유명 영어 강사 같은 사람들은 문장 5형식과 같은 '문장 구조'를 따지지 말고 그냥 자연스럽게 읽으라고 하고, 또 너와 같은 사람들은 문장 5형식과 같은 '문장 구조'를 잘 공부해서 거기에 맞춰서 독해하라고 하고. 이런 점을 객관적인 제3자의 입장에서 적절하게 절충해서 해석해 본다면 이런 결론을 내릴 수 있을 것 같은데. '처음 영어를 공부하는 사람의 입장에서는 문장 5형식을 철저하게 배워서 거기에 맞게 독해해야 하지만, 그런 과정이 익숙해져서 상당한 수준에 이르게 되면 그다음부터는 문장 5형식을 따지지 않아도 자연스럽게 독해할 수 있게 된다.'

학생: 네. 맞는 것 같아요. 그냥 읽으라고 하는 사람들은 (문장 구조가 머릿속에서) 이미 프로그래밍되어 있는, 그래서 문장 구

조가 그냥 (자동으로) 눈에 들어오는…(그런 것이 아닐까 해요).

교사: 우리가 한국어로 되어 있는 글을 읽을 때 문장 5형식과 같은 '문장 구조'를 따지지 않는 것처럼….

학생: 네. 그렇게 생각해요.

교사: 음… 그러면 이제 최종적으로 나오게 되는 질문은 '그럼 문장 5형식을 배우는 과정을 그냥 건너뛰고 바로 자연스럽게 독해할 수 있는 경지로 가는 것은 불가능한 것인가?' 인데…. 이건 역시 불가능할까?

학생: 그게… 제가 생각하기에는 외국에서 오래 동안 생활한 사람들, 그래서 생존을 위해서 영어를 구사해야 하는 사람들과 같은 경우에는 될 수 있을 거라고 봐요. 하지만 지금 당장 입시를 준비하는 학생 입장에서 그런 능력을 한순간에 갖기란 굉장히 어려울 것이라고 봐요.

교사: 그렇군…. 자, 그러면 최초의 질문으로 돌아가 보자. 그러면 결국 '문장 구조의 중요성을 몰라서 수능 영어 성적이 잘 안 나오는 학생들이 많이 있다'는 결론을 얻게 되는데…. 그러면 왜 학생들은 이 '문장 구조의 중요성'을 모를까?

학생: 음… 제가 생각하기에는 너무 '이분법적'으로 생각하는 것 같아요. '문장 구조는 문법의 영역이다.'라고 생각하는 것 같고, '독해 영역은 (문장 구조와는) 따로 있다.'라고 생각하

기 때문에… 여기에서 오는 괴리에서… 문법으로서는 (문장 구조 공부를) 외웠으니까 (그 공부는 이미) 끝난 거고, 독해에서는 (문장 구조 공부가) 중요하지 않다고 생각하는 것 같아요. 제 생각에는요. 문법이라는 것이 결국에는 독해를 돕기 위해서 하는 것인데…. 수능 영어 영역에서도 독해 문제 따로, 문법 문제 따로 있고 이렇기 때문에 가시적으로 봤을 때는 '독해와 문법은 별개'라고 생각하기 쉬울 것 같아요.

교사: 음… 그렇게 이분법적으로 생각한 폐해가 결과론적으로 영어 영역에서의 실패로 나타나기 쉽다?

학생: 네. 그런 것 같아요.

교사: 그러면 이제 질문을 바꿔 보자. (여태까지는 문장 구조의 중요성을 모르는 현실에 대한 이야기를 했으니까 이번에는 문장 구조의 중요성을 안다는 것을 전제로 해서 이야기해 보자.) 문장 구조의 중요성을 알게 되었을 때, 그때부터 새롭게 생기는 장애물은 뭐라고 생각해? 바꿔 이야기하자면, 문장 구조 학습 과정에서의 힘든 점은 뭘까?

학생: 예상 밖의 문장 구조들이 나올 때가 힘들죠. 도치, 강조 등의 구조가 나올 때가 그랬던 것 같아요.

교사: 그런데 도치, 강조 등의 문장 구조는 거의 안 나오는 것이

니까 그런 점은 일단 접어 두고 이야기를 좀 해 보자. 일반적인 문장 5형식의 학습에 있어서는 큰 어려움이 없었을까?

학생: 네. 저는 문장 구조에 대한 중요성을 강조하시는 선생님을 만난 이후에 영어를 다시 배웠는데요.

(중략)

교사: 그럼 조금 더 발전적인 측면의 제안을 해 본다면, 앞으로는 학교에서도 영어 교과 안에 '실용영어회화', '영어 II'와 같은 하나의 과목으로 '영어 문장 구조'나 '영어 구문 분석' 같은 것을 만들어서 학생들에게 가르치는 것이 상당히 효과적이겠구나.

학생: 아… 그게… 제가 고등학교를 졸업하고 나서 고등학교 때 사용했던 영어 교과서들을 보면 그 책 안에는 정말 다양한 유형의 영어 구문들이 수록되어 있거든요.

교사: 아… 그런데 내가 하는 이야기의 취지는 이런 거야. 그렇게 다양한 구문들이 나오는 글을 읽고 이해하는 수업도 있어야 하지만, 한 가지 유형의 영어 구문을 집중적으로 공부하고 나서 또 다른 유형의 영어 구문을 집중적으로 공부하고, 이런 과정을 계속 반복해서 거의 모든 유형의 영어 구문을 모두 다 마스터하는 그런 과목도 하나 있어

야하겠다….

학생: 음… 네.

교사: 그러니까 네가 좋아하는 농구로 예를 들자면, 드리블 따로, 패스 따로, 슛 따로 배우는 시간이 있어야 농구 실력이 쑥쑥 늘지, 맨날 실전 농구 시합만 해서는 농구 실력이 잘 늘지 않을 거라는 거야.

학생: (웃음) 저는 실전 경험만 했어요.

교사: 그러니까 실력이 그런(?) 거 아냐? (웃음) 그러니까 실전 경험만 쌓았을 때는 일정 수준 이상으로는 실력이 늘지를 않잖아. 아마추어의 한계가 그거 아니냐? 일정 수준 이상으로는 더 이상 실력이 늘지 않는….

학생: (웃음) 네.

교사: 뭔가 체계적인 교육이 없기 때문에 전문가는 될 수 없는, 그저 좋아하는 사람들 중에서는 '쫌' 하는… 그런 수준 이상은 될 수 없는 것이 아마추어의 한계이자 프로와의 차이 아니겠냐?

학생: 네. 그런 것 같습니다.

교사: 그러니까 뭔가 '문장 구조'만을 따로 가르치는 학교 영어 수업이 필요할 것이라고 생각해 볼 수 있겠네. 자, 그럼 이거 이외에 어떤 문제가 있을까? '듣기 말하기 문제'야 자기

가 알아서 해야 하는 측면이 좀 있는 거고. 또 문장 구조를 잘 알면 '듣기 말하기 문제'도 더 잘 들리는 측면도 있는 거고….

학생: 네. 맞아요. 문장 구조를 알면 영어 듣기 문제도 더 잘 들려요.

교사: 자, 그럼 이거 이외에는 더 할 이야기가….

학생: 제가 생각하기에 '어휘' 이야기를 조금만 더 하자면… 사전을 좀 (직접) 찾아보는 것이 좀 어떨까….

교사: 그렇지. 그렇지. 그래서 내 고등학교 때 영어선생님 중 한 분은 영한사전보다는 영영사전을 보라고 하셨다고. 왜냐? 한 단어 찾는 과정에서 영어 구문 해석 능력도 기를 수 있고, 유의어, 동의어, 반대어 등도 알 수 있고, 또 그 단어 주변에 있는 다른 단어까지 다 공부하게 되고.

(중략)

학생: 요즘 학생들은 문제를 풀다가 모르는 단어가 나오면 짐작만 하고 넘어가버리거나, '나중에 찾아봐야지' 했다가도 찾지 않고 그냥 넘어가버리는 경우가 많은 것 같아요. 그러다 보면 찾지 않고 넘어가버린 단어가 너무 많아져서 완전히 포기해버리는 경우도 나오고요. 그러지 말고 모르는 단어가 나왔으면 꼭 사전에서 찾아보는 습관을 갖는 것이

중요한 것 같아요. 그럼 어휘력을 늘리는 데 큰 도움이 되는 것 같아요.

교사: 참… 그 놈의 어휘 공부라는 것이… 정말 힘든 것 같아. 왜냐하면 이번에 몰라서 사전 보고 찾았던 그 단어가 다음에 문제 풀 때 나왔을 때, 그 단어의 뜻이 머릿속에 딱 떠오른다는 보장이 있느냐?

학생: (웃음) 없죠!

교사: (웃음) 없지! "아~ 이거 저번에 찾았던 건데. 돌아버리겠네, 이거!"하면서 머리를 쥐어뜯은 적이 한두 번이 아니었겠지. 이런 경험을 한 다섯 번 정도 반복해야 겨우 기억이 날까 말까 한 경우도 있을 것이고….

(중략)

학생: 저 같은 경우에는 영어 공부를 하다가 모르는 단어가 나오면 그때 그때 사전을 보고 찾았습니다. 그러다보면 같은 단어의 다른 뜻도 알게 되고. 그렇게 좋은 점들이 있더라고요.

교사: 그렇지. 자, 그럼 이런 점들 외에 영어 공부를 위한 팁이 있다면 또 어떤 것이 있을까?

학생: 국어 영역과 마찬가지로 선택지를 보고 답을 찾기보다는 제시문을 보고서 바로 답을 떠올릴 수 있는 실력을 기르

는 것이 중요한 것 같아요. 이렇게 하면 정확도도 높아지고 시험 푸는 데 걸리는 시간도 세이브할 수 있는 등 여러 가지 좋은 점들이 있는 것 같아요.

(중략)

교사: 그 외에는 또 어떤 팁이 있을까?

학생: 듣기 문제를 풀 때도 스크립트를 들은 후에 바로 답을 머릿속에 떠올리거나 시험지에 적어두는 것이 좋을 것 같아요. 선택지를 보고서 답이 무엇인지를 찾기보다는요.

(중략)

교사: 자, 그럼 이제 마지막으로 탐구 영역에 대한 토론으로 넘어가 보도록 하자.

토론 세부 주제 5 - 수능 탐구 영역을 잘 하려면 어떻게 해야 하는가?

교사: 자, 그럼 이제 마지막으로 탐구 영역에 대한 토론으로 넘어가 보도록 하자. (국어나 영역 영역은 '읽고 이해하기'지만) 사회 탐구는 '읽고 이해하기'가 아니지? (웃음)

학생: (웃음) 네. 조금 달라요. 음… 굳이 따지자면 수학이랑 국

어가 적절하게 섞여 있는 느낌이에요. (웃음)

교사: (웃음) 나는 솔직히 무슨 이야기인지 잘 모르겠는데…. 좀
　　더 자세하게 설명해 줘.

학생: 그러니까 수학처럼 어느 정도의 개념 학습이 필요한 과목
　　이고. 개념 학습이 끝난 다음에는, 요즘 수능시험을 보면
　　내가 개념을 알더라도 틀리는 문제가 나오는 경우가 많거
　　든요. 그 이유가 몇 가지가 있는데… 일단은 이해를 잘 해
　　야 해요. (제시문이나 문제, 선택지에서) 말을 어렵게 하는 경
　　우가 있거든요. 그런 경우에는 국어 문제와 비슷한 것 같
　　기도 해요.

(중략)

교사: 음… 내가 생각하기에는 사실 국어와 영어는 어찌 보면
　　'도구적인 학문'이잖아?

학생: 네. 맞아요.

교사: 그래서 이게 엄밀한 의미에서 이야기하면 '학문'이라고 하
　　기에는 좀 그런….

학생: 네. 그래요.

교사: 그런 맥락에서 보면 본격적인 학문이라고 할 수 있는 수
　　능 영역은 수학 영역과 탐구 영역이 아닐까….

학생: 음… 네.

교사: 그러니까 (어찌 보면) 수학과 사회 탐구, 과학 탐구가 '본격적인 학문'의 시작인데….

학생: 네. 맞아요.

교사: 그러니까 탐구 영역에서는, 네가 앞서 이야기했던 것처럼, 국어 영역에서 필요한 '읽고 이해하기' 능력도 필요하지만… 이제는 그런 단순한 '읽고 이해하기'의 수준을 넘어서서 개념 학습이나 도표를 분석하는 수준의, 이제는 어떤 해석이 필요한 그런 학문이 탐구 영역이 아닐까….

학생: 네. 개념 학습이 많이 필요한….

교사: 그리고 탐구 영역은 '일반적인 학습'으로는 해결이 잘 안 되지?

학생: '일반적인 학습'이라는 게 뭐죠?

교사: 그러니까 국어 영역의 경우에는 시험 문제를 출제할 때 제시문의 내용이 전혀 배우지 않은 내용이라도 괜찮잖아? 한 번도 본 적이 없는 제시문을 가지고 문제를 풀고 공부를 하더라도 실력은 늘잖아?

학생: 아~ 그런….

교사: 그런데 사회 탐구 영역은 단원별로 개념별로 문제에 출제될 수 있는 내용은 어느 정도 정해져 있는 거라고.

학생: 네.

교사: 그런 맥락으로만 나와야 돼. 그러니까 교과서에 실려 있지 않은 개념을 가지고 문제를 내고서 '자, 이걸 네가 지금부터 제시문을 보고서 공부해서 풀어라.'라는 식으로 문제를 낼 수는 없다는 것이지.

학생: 네, 네.

교사: 그러므로 개념에 대한 깊은 이해를 요구하고, 그 개념과 관련된 도표 등에 대한 해석을 할 때에도 깊은 이해를 요구하는 그런 영역이지.

학생: 네. 그렇죠.

교사: 그래서 그런지는 몰라도 탐구 영역은 시험 범위가 정해져 있지. 이 점도 역시 국어, 영어 영역과는 다른 점이지.

학생: 네.

교사: 좀 넓기는 하지만….

학생: 네. 전 범위…. (웃음)

교사: 그렇지. 좀 넓다는 게 문제인데… (웃음) 한 과목마다 약 350쪽씩 되는….

학생: (웃음) 네.

교사: 물론 대학교 가면 1,000쪽 정도 되는 책을 공부하고서 시험을 치르기도 하지만….

학생: (웃음) 네. 그렇죠.

교사: 자, 여기까지의 이야기를 정리하자면, 탐구 영역은 높은 수준의 개념 학습과 그 개념에 대한 이해능력이 필요하고, 범위가 정해져 있다. 이 정도가 되겠는데….

학생: 네.

교사: 자, 그럼 지금까지 정리한 내용을 토대로 다시 이야기를 시작해 보자. 먼저 탐구 영역의 첫 번째 특징인 '높은 수준의 개념 학습이 필요하다.'라는 문제. 이 문제는 어떻게 해결하는 것이 좋을까? 그냥 열심히 하는 수밖에 없는 것인가?

학생: 음… 제가 생각하기에는 '깊게 생각하는 것'이 답인 것 같아요. 가령 예를 들어서 제가 '윤리와 사상' 과목을 공부할 때 에피쿠로스 학파가 육체적인 쾌락을 추구하였다는 점만을 외우거나 이해하고 넘어가는 것이 아니라, 왜 육체적인 쾌락을 추구하려 했을까? 그리고 어떤 방법으로 육체적인 쾌락을 추구하려 했을까? 이런 것들을 생각하는 데 노력을 했던 것 같고. 그런 노력 속에서 공부의 재미를 좀 찾았던 것 같아요.

교사: 음… 사실 나는 이렇게 이야기하는 것이 좋을 것 같아. 네가 방금 전에 했던 이야기를 좀 바꾸어서 이야기하면

'과학적인 자세가 필요하다.'

학생: 음… 네.

교사: 조금 고차원적인 학문으로 넘어가는 것인데, 무슨 이야기나 하면… (탐구 영역에 나오는) 여러 철학도 있고, 역사학에도 여러 학설도 있고 사회과학에도 수많은 학문과 이론이 있는데. 그런 학문이나 학설들을 어떤 학자가 내놓게 되는 시대적인 배경이나 그 인물의 개인적인 환경, 이런 것들을 공부하다 보면 '이 학자가 왜 이런 이론, 주장을 내놓게 되었을까?', '이 현상을 꼭 저렇게 해석해야 하나?', '이 이론은 이런 상황에서는 별로 설득력이 없지 않을까?', '그런데 저 이론이 요즘 상황에도 적용될 수 있을까?', '저 이론에 대해서는 이런 반론이 가능하지 않을까? 이런 반론을 제시한 학자는 없을까?'와 같은 '과학적인 자세'에서 자연스럽게 생기는 의문을 갖게 될 경우 자연스럽게 그 과목을 더 열심히 공부하게 되고, 따라서 그 과목에 나오는 개념을 더 잘 이해하게 되지. 이것이 바로 학문을 함에 있어 '과학적인 자세', 즉 끊임없이 질문을 던지고 그 질문에 대한 답을 찾으려고 하는 자세라고 할 수 있지. 탐구 영역을 공부하는 데는 이런 자세가 필요하지 않을까. 이런 자세가 바로 사회과학자들이 갖는 기본적인 학문의 자세거

든. 나는 그렇게 생각한다.

학생: 음… 네.

교사: 그래서 의심을 하다 보면 실험을 하게 되고, 때로는 사고 실험을 하게 되기도 하고. 그러다 보면 어떤 이론을 검증하거나 입증하게 되고, 그렇게 되면 '이 이론은 이런 조건에서는 매우 유용하고, 의미도 있고, 정당하지만, 저런 상황에서는 유용하지도, 유의미하지도, 정당하지도 않다.'와 같은 결론을 내게 되지. 그 정도 정리가 되어 있으면, 그렇게 정리된 내용을 가지고 수능에서 문제를 출제하게 되지. 그래서 그런 정리된 내용들을 학생이 정확히 알고 있으면 수능 탐구 영역의 문제를 학생이 접했을 때, 학생의 입장에서는 문제를 출제한 사람의 의도가 보여. 그러니까 '이거는 오답이므로 골라내라는 의도로 선택지를 만들었구나.'라거나 '이 학설은 이런 상황에서는 매우 유용하고 정당하니까 이 선택지는 맞는 답이구나.'와 같은 판단을 학생 입장에서 충분히 할 수 있게 된다는 말이지.

학생: (격하게 공감하며) 네. 맞아요.

교사: 그런데, 내가 보기에 이런 테스트 방식은 좀 '저급한' 테스트 방식이야. 내가 보기에는 탐구 영역의 이해 정도를 테스트하기 위해서 선다형의 문제를 내는 것은 별로 좋은

방법이 아니야. 탐구 영역의 이해 정도를 제대로 테스트하려면 논술형, 서술형의 문제를 출제해야 해.

학생: 네.

교사: 예를 들어서 칸트의 '정언 명령'을 제대로 이해했는지를 테스트하려면 선다형의 문제를 출제하고서 '이 말이 칸트의 말인지 아닌지를 골라 봐.'라고 묻기보다는 어떤 인물이 처한 특정 상황을 제시하고서 '만약 칸트가 제시문에 나오는 저 인물이라면 자신이 처한 상황에서 어떻게 행동했을지 쓰고, 그렇게 행동하게 된 이유를 적으시오.'와 같은 문제를 출제하는 것이 더 적절하겠지.

학생: 네.

교사: 그래서 사회과학의 경우 대학 시험도 마찬가지지만, 제대로 공부했는지를 보려면 서술형, 논술형 시험을 칠 수밖에 없는 거야.

학생: 네.

교사: 그런데 사실 이런 '학문의 자세', '과학적 자세'를 갖고 있으면 공부가 재미있지.

학생: (격하게 공감하며) 네. (여기서 두 사람 모두 웃음)

(중략)

교사: 그렇지만, 이런 '과학적 자세', '질문을 던지는 자세'가 없이

공부해야 할 내용을 무작정 외우려고 하면 정말 탐구 영역 공부가 어려워지지. 외우기에는 너무 많은 분량을 모두 다 외우기도 힘들겠지만, 무엇보다도 문제를 낼 때 생각을 해야 풀 수 있는 문제를 내 버리면, 속된 말로 '한 번만 꼬아서'문제를 출제하면 풀기가 어렵게 되겠지.

학생: (웃으며) 네. 맞아요.

교사: 그래서 내가 아이들에게 탐구 영역 가르칠 때 자주 하는 이야기가 "이 과목 제대로 배워 보겠다는 진지한 마음 없으면 힘들 것"이라는 이야기야.

학생: 음… 네.

교사: 그래서 결론은 '탐구 영역은 국어나 영어 영역보다는 깊은 이해를 요구하는 과목이다. 그렇기 때문에 과학적 자세가 필요하다.'

학생: 네. 맞아요.

교사: 국어 영역과 영어 영역은 '상식적인 생각을 할 수 있느냐'를 묻는 영역이라면 탐구 영역은 '입장이 다른 여러 가지의 이론과 주장을 모두 이해하고 있느냐?', '서로 다른 이론과 주장의 장점과 단점, 그런 주장이 나오게 된 배경을 이해하고 있느냐?', '이런 상황에서는 어떤 이론이 더 설득력 있느냐?', '이 이론이 현실이 되어 일어난 역사적 사건

은 어떤 것이냐?' 등 상식의 범위를 벗어난, 배우는 내용에 대한 고차원적인 이해를 하고 있느냐를 묻는 영역이라고 할 수 있겠지.

학생: 네.

교사: 자, 이제 다음 질문으로 넘어 가자. 탐구 영역은 출제 범위가 정해져 있기는 하지만 굉장히 넓어서 공부하기가 만만치 않았을 텐데. 이 문제는 어떻게 해결했는지?

학생: 음… 해결했다고 하기에는 좀 그렇지만. 교과서를 정독하고… 굳이 이야기하자면 친구들이랑 이야기를 나누어봤던 것들, 그리고 선생님께 질문했던 것들… 그 정도가 다였던 것 같아요…. 그 외에는 읽고 생각했던 것들….

교사: 그런데 탐구 영역을 공부함에 있어서 주의해야 할 것이 책만 읽고 이해한다고 해서 시험 문제 잘 푸는 것은 아니라는….

학생: (격하게 공감하며) 네. 그건 아니죠.

교사: 그래서 거의 대부분의 학생들이 문제를 풀어 보는, 문제집을 사 가지고 풀어 보는 과정을 거치는 것인데. 생각해 보면 교과서 정독하고, 그다음으로 기초적인 문제집 풀고, 그다음 중급 문제집 풀고, 마지막으로 실전 모의고사 문제집 풀고, 이런 과정을 다 하려고 하면 엄청난 노력과 시

간이 걸리는데⋯ 이걸 다 하려면 어떻게 해야 하는지⋯. 그냥 열심히 하면 되는 건가?

학생: 저 같은 경우에는 교과서를 깊게 읽었더니 초급, 중급 문제집의 문제들이 쉽게 해결되었어요.

교사: 교과서를 깊게 읽는다?

학생: 네.

교사: 음⋯ 그리고 문제를 푸는 과정에서도 사고력이 향상되지? 특히 맞았다고 생각했던 문제를 틀렸을 때?

학생: (격하게 공감하며) 네. 네.

교사: '이걸 왜 이렇게 생각해야 하지?' 이런 생각을 하게 되면서⋯.

학생: 네. 네.

(중략)

교사: 문제를 푸는 과정에서도 사고력은 발전한다⋯.

학생: 네. 맞아요. 재미있는 것이 윤리와 사상 문제의 경우, 이번 수능에 나온 문제를 다 풀어 본 적이 있었어요.

교사: 철학과니까?

학생: (웃음) 그래서 (처음에는) 국어 영역 문제만 풀었어요.

교사: 비트겐슈타인의 분석 철학(을 공부하는 차원에서)?

학생: (웃음) 아, 네. (비트겐슈타인의) 논리 철학! 그래서 풀어 봤는데 고등학교 3학년 때 문제를 풀 때보다 훨씬 더 쉽게 느

껴졌거든요. 그런 걸 생각해 보면 단편적으로 눈에 보이는 것만을 외우려는 것이 아니라 깊게 읽으니까 정말 초급, 중급 문제들은 빠르게 풀 수 있었던 것 같아요.

교사: 나도 학생들에게 그런 이야기할 때가 있어. 탐구 영역 공부할 때는 공부할 분량, 단원이 많다고 해서 빨리 빨리 끝내려고 하기보다는 하나의 개념, 하나의 주제를 가지고 깊게 이해해 보라고. 네가 발표를 하거나 선생님과 토론을 할 수 있을 정도로 말이야. 그렇게 한 다음에 다음 주제, 다음 단원으로 넘어가 보라고.

학생: 네.

교사: 그리고 그 과목과 관련된 책을 읽는 것. 그런 것을 권장하기도 하지.

학생: 네. 그런 것도 도움이 돼요.

교사: 그런데 많은 학생들이 그렇게 하지는 않더라고.

학생: 네. 그렇죠.

교사: 그게 장기적으로 봤을 때는 더 빨리 가는 길인데….

학생: 네. 그렇죠.

교사: 그런데 한 편으로는 이해되기도 해. 사회과학이나 인문학 책을 읽고 이해하는 데는 (심리적인) '진입장벽'이 있잖아. '이 책을 읽는 것이 정말 도움이 될까?', '이 책을 내가 끝까

지 읽을 수 있을까?', '이 책을 읽으면 정말로 이 과목을 잘 하게 될 수 있을까?', '이 두꺼운 책을 어느 세월에 다 읽지?'하는 생각에 결국 책을 읽는 것을 시작도 못하는 경우가 많잖아.

학생: (웃음) 그렇죠.

교사: 그렇지만 내가 생각하기에 탐구 영역 공부와 국어 영역 공부에 있어서 독서 습관은 정말로 중요하다. 그래서 국어 영역과 사회 탐구 영역에 강하고 독서를 많이 했던 아이들이 대체로 논술시험에도 강해.

학생: 음… 네.

교사: 그것은 분명히 연관이 있을 거야. 국어와 사회 탐구 영역을 잘 하는 아이가 책까지 많이 읽은 아이라면 대체로 논술을 잘 한다는 것.

학생: 네.

교사: 물론 그 반대의 경우도 있어. 수능 국어와 사회 탐구 영역에서 좋은 성적을 거두는 학생들 중에 논술은 잘 못하는 아이들도 있어.

학생: (웃음) 네.

교사: 그런 경우에는 그냥 수능 쳐서 정시로 가야지.

학생: (웃음) 네. 열심히 해야 하겠군요.

(중략)

교사: 이 정도면 (탐구 영역에 대한 토론도) 대략 정리가 된 것 같은데?

학생: 네.

토론 세부 주제 6 - 수능시험을 잘 보기 위해서 가져야 할 마음 가짐은 무엇인가?

교사: 수능시험을 잘 보기 위해서 가져야 할 마음가짐은 어떤 것일까? 이 이야기를 끝으로 오늘의 토론을 마치자.

학생: 학생들이 수능시험에 대해서 가지고 있는 생각 중 본말이 전도된 것이 하나 있는 것 같아요.

교사: 그게 뭐지?

학생: 제가 생각하기에 수능이라는 것은 '대학교에 입학했을 때 어느 정도의 학습 능력을 가질 수 있을지'를 볼 수 있는 단순한 지표에 불과한데요. 요즘 학생들은 보면 '이 문제 를 맞추기 위해서 공부를 해야 한다'는 마음가짐으로 공부하는 것 같아요. 그래서 학생들 각자가 '수능이란 무엇인가?'에 대해서 다시 한 번 '이성적'으로 생각해 보는 것이 필요할 것이라고 생각해요.

교사: (격하게 공감하며) 이야! 이거 정말 좋은 말이다!

학생: 그리고 그에 따라서 개인적으로 제가 내린 결론은 '주체적으로, 그리고 남이 하는 말을 조금 더 귀 기울여 들어서 학습했으면' 하고, 그것에 따라서 부수적으로 '수능 성적이 향상되었으면' 하는 바람이 있어요.

교사: 이게 정말 중요한 것인데, 우리 사회를 위해서도 중요한 것인데. 요즘 사회가 진짜로 능력이 있어서 성공하는 것인지, 아니면 성공했기 때문에 능력이 있는 것처럼 보이는 것인지를 알 수가 없을 때가 있단 말이야.

학생: 네.

교사: 그러니까 연예인들 세계에서도 그런 이야기가 나온다고 하잖아. '유ㅁㅁ 라인', '이△△ 라인'. 그러니까 '뜨기' 위해서는 그 사람들 연줄을 잡아야 한다는 이야기인데. 정말로 능력이 있어서 특정 예능 프로그램에 발탁되는 것인지, 아니면 '줄을 잘 잡아서' 특정 예능 프로그램에 발탁되었기 때문에 '뜨는' 것인지 이게 불분명할 때가 있단 말이야. 만약 후자의 경우가 있다면 그건 정당하다고 이야기할 수 없거든. 그래서 우리 사회의 제도가 정말 중요한 것인데, 그래서 공중파 방송에 나와서 대중적인 인지도를 쌓는 사람들. 그 사람들 그거 함부로 할 일이 아니거든. 우리 국

민들 세금으로 운영되는 등 공공성이 매우 강한 방송 매체에 자기 출세의 발판으로 삼겠다는 그런 의도를 가지고 출연하려고 한다면 그건 굉장히 지탄받아야 할 일이란 말이야. 그럼에도 불구하고 그런 공중파 방송의 특정 프로그램에 나가기 위해서 개인적으로 알고 지낸 '연줄'을 이용하려고 한다면 그건 정말 반성해야지. 그래서 우리 사회의 제도가 그런 일들을 못하게 하거나, 한다고 하더라도 그렇게 해서 얻은 이익의 일정 부분을 환수하는 그런 시스템이 있다면 공중파 방송의 공공성이 훨씬 더 높아지겠지. (중략) 그런 사회적인 제도나 시스템이 잘 갖춰지지 않게 되어서 그런 생각들이 만연하게 되면, 네 말대로 학생들이 '내 학습 능력을 솔직하게 측정하는 도구로서 수능시험에 응시를 하자'는 생각보다는 '수능시험에서 좋은 성적을 받는 것. 이 자체가 목적'이라는 생각으로, 즉 출세를 위한 목적 및 고등학교 공부의 최종 목적으로 수능시험을 준비하게 되겠지. 그런 '얄팍한' 생각을 하게 되는 순간 수능시험 성적 향상의 길은 오히려 멀어지게 될 가능성이 높겠지.

학생: 네. 오히려 멀어지겠죠.

교사: 음… 이게 참… 역시 '철학자'와 '역사학자'의 대화답게 (토

론의 결론이) '원론'으로 돌아가는데…. (토론의 결론은) '진짜 배기가 되자!' (여기서 두 사람 모두 박장대소함)

학생: (웃음) 네.

교사: 결국에는 원론적인 이야기로 돌아가게 되는구나.

학생: 네.

교사: 내가 알기로 이것이 (유교 경전) 《중용(中庸)》, 《대학(大學)》의 요점이야.

학생: 네?

교사: 《중용》, 《대학》의 요점이라고. 《중용》에 이런 말이 있어. '등고자비(登高自卑) 행원자근(行遠自近).' (이때 교사는 학생에게 한자로 된 《중용》의 한 구절을 직접 적어서 보여 줌)

학생: 음….

교사: '높은 곳을 오를 때는 낮은 곳으로부터 가야 하고, 멀리 가려고 하면 가까운 곳부터 밟아야지만 갈 수 있다.'라는 뜻이지.

학생: (소탈한 웃음을 지으며) 네.

교사: 당연한 것이겠지. 높은 산을 오르고 싶으면 그 산의 낮은 땅부터 밟아야지. 그리고 멀리 가고 싶으면 가까운 땅부터 밟아야지. 그렇잖아? 그런데 전부 다 요즘 세상에 헬리콥터 타고 올라갈 생각하고, 자동차 타고 빨리 갈 생각하

고, 그런 생각을 가지고 일을 하다 보니까 맨날 같잖은 행동만 나오고…. 그러다가 교육이 엉망이 된 거야.

학생: 음… …

교사: 그러니까 우리는… (네가 방금) 정말 좋은 이야기를 한 것인데, 이제 우리는 지금부터 '어떻게 하는 것이 진정 우리 학생들의 능력을 기르는 길인가'를 원점에서 재검토해야 하는' 그런 시점에 와 있는 거야. 지금. (나는 그렇게 생각해.)

학생: 음… 네.

교사: 내가 한 번 열심히 노력해 볼게.

학생: (웃음) 음… 네.

교사: 오늘 이런 이야기를 해 주기 위해서 여기까지 와 주어서 고맙다.

학생: (웃음) 아… 네. 저도 많은 도움이 되었던 것 같습니다.

(중략)

교사: 자, 그러므로 이제 너도 (철학자로서의) '실력'을 길러라.

학생: 네. 노력하겠습니다.

교사: 이 책을 한 번 추천해 주고 싶다. (책상 위에 놓여 있던 E. H. 카의 《역사란 무엇인가?》를 가리키며) 이 책은 모든 인문학의, 물론 자연계 학생들에게도 그러하겠지만, 필독서다.

학생: 네. 그렇죠. 마이클 샌델의 《정의란 무엇인가?》와 함께….

교사: 네 덕분에 정말 좋은 정보 많이 얻을 수 있었다.

학생: 저도 선생님 덕분에 좋은 이야기 많이 듣고 갑니다.

교사: 오늘 고마웠다. 잘 가라.

학생: 네. 선생님. 그럼 저 이만 가겠습니다.

대입 종합 준비 계획 수립(수시+정시)

제6장 공부를 위한 준비물

① 학교생활기록부
② 최근 수능 모의고사 성적표
③ 정시 배치표
④ (입학을 희망하는 모든 대학교의 최근)
　수시모집요강

자, 이제 이론 공부는 여기까지다. 이제는 실전이다. 이 책의 1장부터 5장까지의 내용은 대입 종합 준비 계획을 수립하기 위한 준비작업이었다고 보면 된다. 이제부터는 1장부터 5장까지의 내용을 여러 가지 표(양식)를 통해서 실천으로 옮기는 작업을 진행해 보도록 한다. 이 작업은 이 책을 읽고 있는 여러분의 대입 준비 종합 계획의 수립 과정이니 진지하고 신중한 자세로 임해야 할 것이다.

1~5장 내용 실천하기

　우선 나의 최근 수능 모의고사 성적표를 보고서 다음 표를 작성한다.

〈나의 최근 모의고사 성적표〉

영역		표준점수	백분위	등급
국어				
수학				
영어				
탐구 탐구	사회 문화			
	세계 지리			

　예를 들어 다음과 같이 작성할 수 있을 것이다.

〈나의 최근 모의고사 성적표(예시)〉

영역		표준점수	백분위	등급
국어		125점	85.50%	3등급
수학		115점	73.50%	4등급
영어		130점	90.50%	2등급
탐구 탐구	사회 문화	61점	82.00%	3등급
	세계 지리	60점	81.00%	3등급

〈나의 최근 모의고사 성적표〉를 작성했다면 이 책의 1장에 나와 있는 것과 같은 작업을 통해서 다음의 표를 완성한다.

〈대학별 정시 합격 가능성 확인표〉

대학명	학과명	지원가능점수	반영영역	내 점수	비고

예를 든다면 다음과 같이 될 것이다(각 대학별 점수 계산 방식은 1장을 참조할 것).

〈대학별 정시 합격 가능성 확인표(예시)〉

대학명	학과명	지원가능점수	반영영역	내 점수	비고
국민대	국사학과	▢ ▢ ▢	국수영탐	337	· 합격 확률 10~20% · 수능 4개 영역 모두에서 지금보다 7~9% 정도씩 더 성적이 상승해야 합격 가능

서울 시립대	국사학과	△△△	국수영탐	492	· 합격 확률 10% 미만 · 수능 4개 영역 모두에서 지금보다 10% 정도 이상 더 성적이 상승해야 합격 가능
수원대	사학과	◇ ◇ ◇	국수영탐	336	· 합격 확률 90% 이상
덕성 여대	사학과	▽▽▽	국영 (수 or 탐)	260	· 합격 확률 50% 정도 · 여기를 기준으로 수시 지원할 대학을 선정할 것
:	:	:	:	:	:

완성한 〈대학별 정시 합격 가능성 확인표〉를 바탕으로 다음 표
를 작성한다.

〈수시 지원 예상 대학별 모집 방식 확인표〉

대학명	학과명	전형명 (유형)	(단계별) 전형요소별 반영비율	최저 학력 기준	비고

예를 든다면 다음과 같이 될 것이다.

〈수시 지원 예상 대학별 모집 방식 확인표(예시)〉

대학명	학과명	전형명 (유형)	(단계별) 전형요소별 반영비율	최저 학력 기준	비고
중앙대	역사학과	학생부 교과	학생부 교과 성적 거의 100% 반영	3개 영역 등급합 6 이내	· 학생부 교과 성적이 거의 1.0에 가까워야 하므로 포기
중앙대	역사학과	학생부 종합	학생부 교과, 비교과 성적 종합 반영	없음	· 학생부 관리, 자기소개서 조기 작성을 통해서 도전
중앙대	역사학과	논술	실질적으로 논술 90% 이상	3개 영역 등급합 6 이내	· 수능 성적부터 항상시킨 후 고3 6월 모의고사 성적을 보고 응시 여부 결정

서울 시립대	국사학과	논술	논술 100%	2개 영역 등급합 4 이내	· 수능 성적부터 향상시킨 후 고3 6월 모의고사 성적을 보고 응시 여부 결정
서울 시립대	국사학과	학생부 종합	학생부 교과, 비교과 성적 종합 반영	없음	· 학생부 관리, 자기소개서 조기 작성을 통해서 도전
:	:	:	:	:	:

학생부 종합전형에 지원할 생각이 있다면 다음 표를 작성해야 할 것 이다(예를 든다면 다음과 같이 작성할 수 있을 것이다).

〈학교생활기록부 관리표(앞면)〉

항목	관리 목표	진행 상황
취미 및 희망 진로	:	:
자율활동	:	:
동아리활동	· 역사토론동아리 창단 · 동아리 발표 대회에서 역사토론배틀 실시 :	· 함께 할 친구들 모집 중 · 역사토론배틀을 위한 토론 주제 선정 작업 중 :

진로활동	:	:
봉사활동	:	:

〈학교생활기록부 관리표(뒷면)〉

항목	관리 목표	진행 상황
수상 기록	· 교내 역사 토론 대회 우승 · 교내 역사 논술 대회 입상 :	· 토론주제 관련 자료 수집 중 · 작년 기출 문제 답안 작성 중 :
교과학습 발달상황	:	:
독서활동	· 비전공자가 쉽게 읽을 수 있는 역사 관련 도서 독서 · 전공 대학생 1, 2학년 수준 역사 관련 도서 독서 · 상대성 이론, 양자역학을 소개하는 과학 도서 1, 2권 독서 :	· 비전공자가 쉽게 읽을 수 있는 역사 관련 도서 목록 작성 · 전공 대학생 1, 2학년 수준 역사 관련 도서 목록 작성 · 상대성 이론, 양자역학을 소개하는 과학 도서 1, 2권 검색 :
행동특성 및 종합의견	:	:

그런 다음 자기소개서 작성을 위해서 다음 표를 작성해야 할 것이다.

〈자기소개서 초안 작성 개요〉

순번	활동 내용	시기	지속 기간
1			

평가 항목	자기소개서에 기록할 내용
① 자발성: 그 활동을 어떻게 시작하게 되었는가?	
② 적극성: 그 활동을 얼마나 열정적으로 했는가?	
③ 진정성: 그 활동을 얼마나 원하는가? 그리고 얼마나 끈질기게 했는가?	
④ 느낀 점	
⑤ 배운 점	
⑥ 느끼고 배운 점을 통해서 나에게 생긴 변화	

예를 든다면 다음과 같이 될 것이다.

〈자기소개서 초안 작성 개요〉

순번	활동 내용	시기	지속 기간
1	공사현장 일용직 노동	대학교 1학년	2주 (약 15일)

평가 항목	자기소개서에 기록할 내용
① 자발성: 그 활동을 어떻게 시작하게 되었는가?	· 고된 육체노동, 저임금 생활을 체험하려고 · 아르바이트 중에서는 비교적 고임금이어서
② 적극성: 그 활동을 얼마나 열정적으로 했는가?	· 벽돌을 나르기, 콘크리트 찌꺼기 제거, 건물 옥상까지 계단으로 시멘트 100포대를 실어 나르는 작업 등 매우 고된 작업
③ 진정성: 그 활동을 얼마나 원하는가? 그리고 얼마나 끈질기게 했는가?	· IMF 사태로 인해서 일자리 구하기가 어렵다는 것을 알고 지역 생활정보지를 뒤져서 일감이 있는 인력 사무소를 찾아서 이웃 도시까지 찾아감 · 기본적 생활조차 어려운 숙소 생활 등 열악한 근무 조건 속에서도 일을 계속함
④ 느낀 점	· 가난은 반드시 퇴치해야 하는 사회적 문제
⑤ 배운 점	· 일용직 노동자들은 가정의 생계유지조차 어려움. 따라서 그들은 자식의 교육을 위한 지출을 거의 할 수 없음
⑥ 느끼고 배운 점을 통해서 나에게 생긴 변화	· 임용 고시 합격 후 학원이나 과외 같은 사교육을 받지 않고 학교에서 실시하는 교육만 받고도 충분히 좋은 성과를 낼 수 있는 그런 교육 시스템을 만들겠다는 다짐을 하게 됨

여기까지 완료되었다면 입학을 희망하는 대학교의 논술 기출 문제를 풀어 보고 그 학교의 논술 안내서, 혹은 학교의 논술 지도 선생님을 통해서 논술시험 응시 여부, 논술시험 준비 시기 등을 생각해 본다. 그런 다음 〈대입 종합 준비를 위한 장기 목표 달성 계획표〉와 〈대입 종합 준비를 위한 월간 목표 달성 계획표〉를 작성한다(사이즈가 큰 종이로 만들어서 방에 붙여 놓고서 매일 매일 진행 상황을 체크해 보면 좋을 것이다).

〈대입 종합 준비를 위한 장기 목표 달성 계획표〉

구분		목표	기간별 목표 달성 로드맵					
			고2 겨울방학	고3 3~4월	고3 5~7월	고3 여름방학	고3 8~9월	고3 10월~합격
수능	수시 (최저 학력 기준)							
	정시							
학생부	교과							
	비교과							
자기소개서								
면접								
논술								
기타								

〈대입 종합 준비를 위한 월간 목표 달성 계획표(고3 3~4월)〉

구분		목표	기간별 목표 달성 로드맵			
			3월 1~2주	3월 3~4주	4월 1~2주	4월 3~4주
수능	수시 (최저 학력 기준)					
	정시					
학생부	교과					
	비교과					
자기소개서						
면접						
논술						
기타						

이 표를 바탕으로 시중에 팔고 있는 (자기주도) 학습 계획표를 작성한다.

자, 이제 대입 종합 준비 계획이 수립되었다. 그리고 그런 계획에 의해서 작성된 학습 계획표도 준비되었다. 이제 나머지는 여러분에게 달렸다. 자신이 스스로 세운 계획을 실천에 옮겨서 반드시 여러분이 원하는 결과를 얻을 수 있기를 바란다.

제7장

각 전형별 합격생들의 특징

'이런 학생이라면 이 전형에 도전해 보라!'

대학 합격의 맛을 보지 못한 학생들은 대부분 '도대체 이 선형에
는 어떤 학생이 합격할까?', '이 전형에 합격한 학생들은 도대체 어
떤 노력을 했을까?'라는 의문을 품어 본 적이 한 번쯤은 있을 것이
다. 지금부터는 각 전형별로 어떤 학생들이 많이 합격 했는지, 그
리고 각 전형별 합격생들은 대체로 어떤 노력을 했는지를 살펴보
자. 자신이 어떤 전형에 적합할지를, 그리고 내가 이 전형에 합격하
기 위해서는 어떤 노력을 해야 할지를 생각해 볼 수 있는 계기가
되기를 바란다.

학생부 교과전형에 합격하는 학생들의 특징

이 전형에 합격하는 학생들의 특징을 한마디로 요약하면 '내신 (학교 성적=학생부 교과 성적) 등급이 엄청 좋다는 것'이다.

대체로 서울 중상위권 이상의 학교들에 이 전형으로 합격하기 위해서는 내신 등급이 1.0~1.2 정도로 유지되어야 한다. 서울 하위권 학교에 이 전형으로 입학하는 데도 1.5 정도의 내신 등급이 필요한 경우도 있다. 이 전형은 대체로 수능최저학력기준이 없기 때문에 수능 성적이 잘 나오지 않는 '내신의 최강자들'이 '죽기 살기'로 달려드는 전형이다. 거기에다가 수능 성적도, 학교 성적도 모두 좋은 학생들이 '되면 좋고 안 되면 말고'식으로 원서를 쓰기도 하기 때문에 합격 커트라인이 끝을 모르고 치솟는 경향이 있다. 그러다 보니 내신 등급이 1.15 정도로 거의 완벽에 가깝게 유지된 학생들 중에서도 불합격자가 나오기도 한다.

같은 학생부 교과전형이지만, 비교적 낮은 내신 등급으로도 합격할 수 있는 학교들도 있다. 서울이나 수도권에 있는 취업률이 좋고, 그래서 학생들의 선호도가 높은 전문대에 수시전형으로 입학하는 데는 약 2.5~3.0 정도의 내신 등급이 필요하다. 빠른 취업을 원하면서도 수능 성적이 잘 나오지 않아서 믿을 거라고는 내신 성적밖에 없는 학생들 중 상당수가 이 길을 택한다.

학생부 종합전형에 합격하는 학생들의 특징

이 전형에 합격하는 학생들이 보이는 공통적인 특징은 다음과 같다.

- 삶의 태도가 매우 자기 주도적이고 자신이 하고 싶은 일을 할 때에는 무거운 책임감을 느끼고, 자부심도 있다.
- 학생부 종합전형으로 대학에 진학하겠다는 계획 수립이 비교적 이른 시기에 이뤄진다.
- 그래서 학생부 종합전형을 목표로 하는 '의도적인' 준비 기간이 굉장히 길다(보통 2년 이상).
- '나는 대학에 갈 때 학생부 종합전형으로 갈 수 있겠다'는 생각이 절로 들 정도로 다양한 방면에서 활발하게 활동하는 것을 좋아하고 그 결과도 좋다(예를 들어 아무리 힘들어도 스스로 동아리를 조직해서 활동하는 것이 즐겁다거나, 교내 경시대회에 참가하는 것을 즐겨 하고 그 결과 교내상도 자주 탄다거나, 의무감이 아니라 정말 즐거워서 대학생들이 읽음직한 책을 읽는 학생).
- 다양한 활동을 하지만, 그중에서도 "그 녀석은 그걸 잘 하는

것으로 유명하지.", "그 녀석은 매일 그걸 하고 다녔지."라는 말이 절로 나올 정도로 그 학생의 정체성이 잘 드러나는, 그 학생을 돋보이게 만드는 활동이 한 가지 이상 반드시 있다.

· 학교 성적도 나쁜 편이 아니어서 내신 등급의 평균이 적어도 2.5~3.0 이상으로 유지된다.

· 다른 사람 앞에서 발표하거나 다른 사람과 대화하는 것을 두려워하거나 피하지 않는다. 오히려 그런 것들을 즐긴다. 그래서 면접시험에서 강점을 발휘하기도 한다.

학생부 종합전형은 거의 대부분 '합격할 만한 학생들이 합격하는' 경우가 많다. 그래서 합격 가능성을 예측하기가 논술전형에 비해서는 상대적으로 수월하다(모든 수시전형이 합격 가능성을 예측하기가 매우 어려우므로 학생부 종합전형 역시 합격 가능성을 예측하기란 매우 어려운 것이 사실이긴 하지만). 하지만 반대로 "그 학생이 수시 지원한 6개 모두 불합격했단 말이야? 말도 안 돼!"라는 말이 나올 정도로 낭패를 보는 경우도 간혹 발생하므로 학생부 종합전형을 준비한다고 해서 수능 공부를 게을리 하는 어리석음을 범하지 않도록 한다. 그래야 학생부 종합전형 원서도 마음 놓고 쓰고, 설령 수시에서 모두 불합격하더라도 정시에서 원하는 대학과 학과에 합격하는 것을 노려볼 수 있기 때문이다.

논술전형에 합격하는 학생들의 특징

이 전형에 합격하는 학생들이 보이는 공통적인 특징은 다음과 같다.

- 수능시험에서 인문계 학생의 경우 국어 영역과 탐구 영역의 성적이, 자연계 학생의 경우 수학 영역과 과학 영역의 성적이 매우 좋다.
- 주어진 자료나 제시문을 '읽고 이해하는 능력'뿐 아니라 그런 자료나 제시문의 내용을 요약하고, 비교 분석하고, 비판하는 등 다른 고차원적인 사고 능력도 골고루 발달해 있다.
- 그래서 대다수 학생들이 답안을 잘 작성하지 못하는 것과는 달리, 이 학생들은 대학별 논술 기출 문제를 처음 접했음에도 불구하고 어느 정도 수준이 갖춰진 답안을 작성해 내기도 한다.

논술전형은 '합격할 만한 학생들이 합격하는' 경우도 있지만, '도대체 그 아이가 어떻게 합격했을까' 싶은 경우도 적지 않다. 그래서 합격 가능성을 예측하기가 매우 어려운 전형으로 알려져 있다. 그러므로 수시에서 논술전형만으로 6장의 원서를 모두 쓰는 것은 바람직하지 않다. 최대 3장까지만 쓰는 것이 좋을 것으로 보인다. 논술을 준비하는 학생들은 가급적 학생부 종합전형을 함께 준비할 수 있도록 하고, 수능 공부도 열심히 해서 수시전형에 있어서의 합격 예측 가능성을 높이고, 설령 수시에서 모두 불합격하더라도 정시에서 원하는 대학과 학과에 합격할 수 있도록 해야 할 것이다.

논술전형 준비를 시작하는 적당한 시기는 딱히 언제라고 말하기 어렵다. 가장 정답에 가까운 대답은 아마도 '수능시험 준비를 위한 공부를 끝내고도 시간적인 여유가 있을 때' 정도가 되지 않을까 한다. 수능 성적도 잘 나오지 않는 상태라면 수능 공부할 시간도 충분하지 않을 텐데 그 상태에서 논술 공부라는 짐을 하나 더 추가한다면 짐이 너무 무거울 것이기 때문이다. 게다가 대다수 논술전형을 실시하는 학교들은 수능최저학력기준을 요구하므로 논술전형을 준비하는 학생들은 우선 자신의 수능 성적을 확인해야 할 것이다.

특기자전형에 합격하는 학생들의 특징

이 전형에 합격하는 학생들이 보이는 공통적인 특징은 다음과
같다.

- 외국어에 능통하거나(인문계), 과학, 의학에 뛰어난 재능과 성
  취를 보이는(자연계) 학생들이 많다. 특히 인문계 학생의 경우
  외국에서 장기간 생활하며 그곳에서 성실하게 공부한 학생들
  이 두각을 나타내는 경우가 많다. 자연계의 경우 뉴스에 나올
  정도로 '천재' 혹은 한 분야에 '미친 사람'이라는 이야기를 들
  을 정도로 뛰어난 재능을 보이는 학생들이 두각을 나타낸다.
- 수능 성적이 좋지 않은 학생들도 간혹 있으나, 이 전형으로
  학생을 선발함에 있어 수능최저학력기준을 요구하는 대학교
  가 별로 없기 때문에 큰 문제가 되지 않는다.
- 자기소개서와 학생부에 나타나는 자신의 특기(재능, 성취)를 밝
  힐 수 있는 입증서류를 평소에 잘 준비해 둔다.
- 인문계 학생들은 자신의 외국어 능력을 입증할 '외국어 에세
  이'를, 자연계 학생들의 경우 자신의 과학, 의학에 있어서의

재능을 입증할 '수리과학논술'에 강하다.

따라서 이 전형은 외국어, 과학, 의학에 특출한 재능을 갖고 있는 학생들에게 유리하다. 이 전형에 지원하기 위해서는 평소 학생부에 자신의 재능이 잘 나타날 수 있도록 관리하고 자기소개서의 내용을 입증할 수 있는 입증 서류를 잘 준비해야 한다. 또한 외국어 에세이와 수리과학논술시험 준비도 잘 되어 있어야 한다.

정시전형에 합격하는 학생들의 특징

'정시전형에 합격하는 학생 = 수능시험에 강한 학생'이라고 생각할 수 있다. 수능시험에 강한 학생들이 보이는 공통적인 특징은 다음과 같다.

- 대다수 학생들이 고등학교 3학년이 되어서야 수능 공부를 시작하는 데 반해서 이 학생들은 적어도 고등학교 2학년 1학기부터 수능 공부를 꾸준히 하고 있는 경우가 많다. 심지어는 고등학교 입학과 동시에 수능시험을 준비하는 경우도 있다.
- 학원에 가서 배우는 것보다는 자기주도학습을 통해서 배우는 것이 더 많다.
- 학원에 가더라도 공부할 내용 자체를 배우기보다는 공부하는 방법을 배워 오는 경우가 많다.
- 오랜 기간 동안 성적 향상이 되지 않더라도, 문제가 잘 풀리지 않더라도 좌절하지 않고 공부를 멈추지 않는다.
- 수많은 시행착오와 오랜 기간에 걸친 고민과 노력을 통해서 각 영역별로 자신에게 가장 잘 맞는 공부법을 스스로 찾아낼

줄 안다.

- 그래서 훗날 수능이 끝났을 때 인터뷰를 해 보면 자신만의 공부법을 청산유수(靑山流水)처럼 술술 이야기한다.
- 특별한 공부 방법이 있느냐는 물음에는 거의 대부분 "그런 것은 없다.", 혹은 "오랜 시간 스스로 고민하고 시행착오를 겪어 보는 수밖에 없다."고 답한다.

수능시험 성적은 수치화된 성적이므로, 정시전형은 합격 가능성을 예측하기가 비교적 용이한 전형이다. 그러므로 지금까지 축적된 경험적 데이터를 가지고 종합적으로 검토한 결과를 통해서 가군, 나군, 다군에 각각 어느 대학교 어느 학과를 지원할지를 결정해야 한다. 객관적 데이터는 합격 확률이 30~40%밖에 안 되는데도 '그래도 될 수도 있지 않을까?' 하는 생각으로 지원했다가는 낭패를 보기 십상이다. 그러므로 데이터를 통해서 검토한 결과 합격 확률이 80% 이상인 곳에 1장, 50~60% 되는 곳에 1장, 20~40% 되는 곳에 1장 이런 식으로 총 3장의 원서를 접수하는 것이 좋을 것이다. 물론 재수할 것을 각오한다면야 3장 모두 합격 확률이 10~30%인 학교, 학과에 원서를 접수하는 것도 가능하다. 하지만 '기적'은 잘 일어나지 않기 때문에 '기적'이라고 부른다는 점을 명심해야 한다.

예체능 관련 학과에 합격하는 학생들의 특징

마지막으로 예체능 관련 학과에 합격하는 학생들의 특징을 알아 보자. 예체능 관련 학과는 4년제 대학교와 전문대로 나누어서 검 토하는 것이 정확한 입시 정보 파악에 도움된다.

4년제 대학교의 경우 음악, 미술, 체육 등 예체능 관련 학과의 신 입생을 거의 대부분 정시로 선발한다(전국 대회 수상자 등 특이한 경우 는 제외). 수시로 선발하는 인원은 그리 많지 않다. 정시 선발에 있 어서 중요한 것은 크게 보아 두 가지다. 바로 수능 성적과 실기 성 적이다.

지금 학생들의 아버지 세대에는 체육과에 입학하는 데 공부 성 적은 크게 중요하지 않았다고 한다. 하지만 요즘은 세상이 달라졌 다. 대학교의 체육 관련 학과에서도 운동만 잘 하는 학생보다는 기초 체력이 잘 다져져 있으면서 공부도 잘 하는 학생을 더 선호 한다는 것이다. 이것은 미술, 음악관련 학과 역시 마찬가지라고 한 다. 서울 상위권 학교가 아니면 거의 대부분 수능시험에서 수학 성적은 반영하지 않는다. 따라서 이 학생들에게서는 다음과 같은 공통적인 특징이 나타난다.

- 대부분 실기 성석과 함께 수학을 제외한 수능 성적도 고르게
  잘 나온다.

  전문대의 경우에는 실용 음악, 연극 영화, 문예 창작 등을 전공
할 학생들을 뽑는다. 전문대의 예체능 관련 학과의 경우에는 수능
성적이나 학교 내신 성적은 거의 요구하지 않는다고 한다. 거의 대
부분 실기 성적을 주로 반영해서 학생을 선발한다고 한다. 그래서
전문대의 예체능관련 학과에 합격하는 학생들은 다음과 같은 공
통적인 특징을 보여 준다.

- 댄스, 보컬, 악기 연주, 시나리오 창작 등 실기에 있어서 특별
  한 재능을 보여준다.
- 어떤 학생들의 경우 전국 단위의 대회에 참가해서 입상할 정
  도로 자기가 진학하고자 하는 분야에 있어서 재능을 이미 인
  정받은 경우도 있다.

제8장

대학 졸업 후 빨리 취업하는 길

1990년대 중엽까지만 해도 일본과 같이 우리나라에서도 '완전고용', '평생직장'이라는 고용개념이 어느 정도 보편화되어 있었다. 쉽게 이야기해서 대부분의 근로자들이 어느 한 회사에 입사하면 그 회사에서 정년퇴직할 때까지 계속 일하는 것이 상식처럼 통했던 것이다.

그런데 1997년 IMF 외환위기 사태 이후에는 이야기가 달라졌다. 우리나라의 고용 시장에 큰 변화가 일어났던 것이다. 그때부터 신문과 방송에 자주 등장한 말이 '구조조정'과 '노동 유연성 확보'였다. 이런 용어는 뭔가 그럴듯해 보이면서도 쉽게 이해되지는 않는다. '기업구조조정'과 '노동 유연성 확보'를 좀 더 쉬운 용어로 바꿔 쓰면 '(대량)정리해고'와 '비정규직 채용 증가'가 된다. 이제는 예전처럼 한 번 입사하면 평생을 그 직장에서 일할 수 있는 정규직 직원이 되기 굉장히 어려워진 것이다. 상황이 이렇게 되자 적지 않은 젊은이들이 대학을 졸업하고도 직장을 구하지 못해 피 같은 20대 젊은 시절의 몇 년을 원치 않는 '청년 백수'로 살아가게 되었다.

이러한 시대적 상황 속에서 '취업'은 이 시대 젊은이들에게는 '제1의 미션'과도 같은 것이 되어 버렸다. 그래서인지 요즘 고등학생 중에서도 학교의 '네임 밸류(이름값)'보다는 졸업과 동시에 취업하는 것을 더 중요하게 생각하고, 그에 맞는 진로를 택하려는 학생들이 늘고 있다.

이번 장은 이와 같은 학생들의 시대적인 요구에 맞춰서 빠른 취업을 할 수 있는 길을 제시하기 위해서 마련한 장이다. 이 장이 취업을 중요하게 여기는 학생들의 선택의 폭을 넓히고 더 좋은 선택을 하는 데 도움이 되었으면 하는 바람이다. 여기에서 제시된 길 외에도 다른 길이 있을 수 있으니 가능한 모든 정보를 동원해서 졸업과 동시에 취업할 수 있는 길을 스스로 찾을 수 있길 바란다.

비수도권 국립대 공과대학의 취업 BIG 3: 기계공학, 전자전기공학, 재료금속공학 관련 학과(부)

우리나라의 경제력과 문화적 혜택이 수도권으로 집중됨에 따라서 수도권의 학생들과 비수도권의 학생들을 가리지 않고 거의 대부분의 학생들은 어른이 된 이후에는 수도권에서 살기를 희망하게 되었다. 그에 따라 학생들이 선호하는 대학교도 서울에 있는 대학교로 몰리게 되었다. 그래서 서울에 있는 대학교와 비수도권에 있는 대학교에 동시에 합격할 경우 서울에 있는 대학교로 진학하는 것이 학생들 사이에서는 상식처럼 되어 버렸다.

그런데 요즘처럼 취업이 어려운 시기에 서울에 있는 중상위권 대학보다 취업이 더 잘 되는 비수도권 국립대학교의 학과가 있어서, 학교의 이름값보다 취업을 우선시하는 학생들에게는 중요한 정보가 될 이야기를 좀 해 보고자 한다. 바로 비수도권 국립대학교 공과대학 졸업생들이 서울에 있는 중상위권 대학교의 공과대학 졸업생들보다도 취업이 잘 되는 경우가 적지 않다는 이야기다(자연계 학생들에게만 해당되는 이야기라서 인문계 학생들에게는 심심한 사과의 말씀을 드린다. 그래서 요즘 인문계 기피 현상이 사회적 문제가 되기도 한다).

지금부터 하는 이야기는 우리나라를 대표하는 대기업인 'S전자' 와 'H자동차'에서 각각 5년차 대리와 8년차 대리로 일하고 있는 현직 근로자에게서 직접 들은 것을 가감 없이 전달하는 것이니 상당히 신뢰할 만한 정보라고 할 수 있다.

그들에 의하면, 취업에 있어서 일단 기본적으로 인문계보다는 자연계 졸업생들이 유리하고, 자연계에서는 단연 공과대학 졸업생들이 유리하다고 한다. 같은 공과대학이라도 취업이 잘 되는 학과가 있고 잘 안 되는 학과가 있는데 잘 되는 학과는 크게 세 가지 학과라고 한다. 이 이른바 공과대학의 취업 BIG 3는 바로 기계공학, 전자전기공학, 재료금속공학 관련 학과(부)라고 한다.

이 대목에서 궁금증이 생긴 내가 그들에게 물어 보았다. 왜 그 3개 학과가 취업이 잘 되느냐고 말이다. 그랬더니 그들은 그 이유를 다음과 같이 설명해 주었다.

"지금 시대적인 대세를 주도하는 학문은 단연 전자전기공학이다. 그러므로 전자전기공학 관련 학과를 졸업하면 취업이 잘 되는 것은 당연하다. 그런데 아무리 전자전기공학을 통해서 제품을 만드는 방법을 만든다고 해도 결국 제품을 만드는 손과 발이 되어주는 것은 기계다. 그러므로 기계공학을 전공한 학생들이 취업에 성공할 가능성이 높은 지금의 흐름은 당분간 유지될 것이다."

"기계공학 관련 학과와 전자전기공학 관련 학과가 대기업 취업에 유리한 것과는 달리, 재료금속공학 관련 학과의 경우는 우리나라에서 탄약이나 파이프를 만드는 견실한 중견 기업에 취업하기 유리할 것이다. 탄약이나 파이프 같은 것을 만들 때에는 재료금속공학을 전공한 사람들이 필요하기 때문이다."

이러한 설명을 했던 'S전자'와 'H자동차'에서 각각 5년차 대리와 8년차 대리로 일하고 있는 이 두 사람은 모두 졸업과 동시에 취업에 성공했을 뿐 아니라 3, 4개의 대기업 입사 시험에 합격한 상태에서 자신이 원하는 곳을 골라서 입사했다. 그것은 그들과 같은 학과를 다녔던 많은 졸업생들도 마찬가지였다고 한다. 학과 내에서 딱 중간 정도 되는 성적만 받아도 S전자에 취업할 수 있다는 이야기도 덧붙였다.

그래서 그 대목에 대해서 물어 보았다. 어떻게 요즘같이 취업이 잘 되지 않는 시기에 그렇게 다수의 대기업에 중복 합격하는 학생들이 많이 나올 수 있느냐고. 그러자 그들은 다음과 같이 답변했다.

"첫째로 국립대학교의 경우 2000년대에 했었던 BK21과 같이 국가가 정책적으로 지원하는 산학 협력 사업의 직접 수혜자가 되는, 즉 특성화시키는 학과가 나오는 경우가 많다. 이런 부분들이 대기업의 인재 채용에 있어서 좋은 인상을 심어주는 경우가 많고, 그래서 그런 사업에 의해서 길러진 인재들은 취업에 있어서 우대되는 경우가 많다. 둘째로 정부에서 운영하는 학교기 때문에 교육 과정과 성과 차원에 있어서 신뢰성이 있다. 셋째로 대기업의 임원 진에는 비수도권 국립대 출신 인사가 포진되어 있는 경우가 많기 때문에 아무래도 그런 것들이 어느 정도 영향을 미치지 않았을까 하는 생각이 들기도 한다. 마지막으로 비수도권 국립대학생들에게 기대할 수 있는 자신의 주장을 내세우기보다는 전체를 위해서 자신을 희생할 줄 아는 근무 태도도 취업에 있어서 플러스 작용을 하는 것 같다."

자, 여기까지가 비수도권의 국립대 공과대학 기계공학과를 졸업한 현직 대기업 근로자들의 이야기의 요점을 간추린 것이다. 이 이야기들을 사실로 인정한다는 전제하에 '취업을 최우선으로 생각하고 있는 학생 입장에서 서울에 있는 중상위권 정도 대학교의 취업이 잘 되지 않는 학과에도 합격했고, 비수도권에 있는 국립대학교의 취업이 잘 되는 기계공학과나 전자전기공학과에도 합격한' 상황에서 합리적인 결론을 도출해 본다면 그 결론은 다음과 같을 것이다.

'대학교의 이름값을 보고서 서울에 있는 대학교의 취업에 불리한 학과에 입학하는 것보다는 비수도권에 있는 국립대학교의 취업이 잘 되는 기계공학과나 전자전기공학과에 입학하는 것이 좋을 것이다.' 어디까지나 선택은 자유이다. 만약 이러한 상황이 온다면 어떤 선택을 해야 할 것인지 심사숙고해 보기 바란다.

비수도권 국립대학교 간호학과

앞서 이야기한 비수도권 국립대학교 공과대학 출신의 현직 대기업 근로자들에게 했던 것과 마찬가지의 인터뷰를 비수도권 국립대학교 간호학과 출신의 현직 대형 병원 간호사에게도 진행해 보았다(이 간호사 역시 졸업과 동시에 취업에 성공한 케이스다). 간호사들이 취직하기를 선호하는 대형 병원이나 대학 병원에는 대체로 어떤 대학교 졸업생들이 합격하느냐는 질문에는 "서울에 있는 대학교, 비수도권 국립대학교"라고 답했다.

비수도권 국립대학교 졸업생들을 많이 선발하는 이유가 무엇인지 물었더니 "앞서 선발된 선배들이 잘 하고 있다는 점, 오랜 기간을 거쳐서 만들어진 학교에 대한 신뢰감"이라고 답했다. 같이 졸업한 학생들 중 약 몇 퍼센트 정도가 대형 병원, 대학 병원에 취업했느냐고 물었더니 80% 정도라고 답했다. 심지어는 비수도권 국립대학교 간호학과 교수에게 특정 병원에서 "괜찮은 학생 20명 정도를 추천해 주면 우리 병원에서 데리고 가겠다."는 제안이 들어와서 쉽게 취업되는 경우도 있다는 말, 그리고 최근에는 선발 절차가 까다로워져서 인성 검사를 실시하는 병원이 점차 늘고 있다는 말도 덧붙였다.

그러므로 간호사가 되기를 희망하면서 대학 진학에 있어서 취업을 최우선 순위에 두고 있는 학생들이라면 굳이 서울에 있는 학교가 아니면 가지 않겠다는 생각을 고집할 것이 아니라 비수도권에 있는 국립대학교 중 취업률이 높은 간호학과가 있는 대학교에 진학하는 것을 고려해볼 만하다.

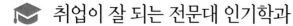

취업이 잘 되는 전문대 인기학과

마지막으로 취업을 최우선으로 생각하는 학생들 중 수능 성적이 특정 2, 3개 영역에서만 2~3등급 정도로 유지되는 학생, 그리고 수능 성적은 잘 나오지 않지만 학교 내신 등급은 2.5~3.0 정도를 유지하고 있는 학생들의 경우에는 취업률이 높은 전문대의 인기학과에 지원하는 것을 적극 고려해 보기를 권장한다.

앞서 이야기한 경우처럼 수능 성적이 특정 2, 3개 영역에서만 2~3등급 정도로 유지되는 학생, 그리고 수능 성적은 잘 나오지 않지만 학교 내신 등급은 2.5~3.0 정도를 유지하고 있는 학생들의 경우에는 서울이나 수도권에 있는 웬만한 대학교에 입학하기가 쉽지 않다. 그래서 결국에는 비수도권에 있는 4년제 대학으로 발길을 돌리는 경우가 많다. 빠른 취업을 최우선으로 생각한다면 군이 4년제 대학교를 고집할 것이 아니라 취업이 잘 되는 전문대를 진학하는 것을 생각해 보았으면 한다.

그럼 도대체 어떤 전문대의 어떤 학과가 취업이 잘 되는가? 이것을 알아보는 좋은 방법은 각 전문대의 입학 관련 웹사이트를 방문해서 학과별 입학 성적을 검색해 보는 것이다. 당연한 것이겠지만,

취업률이 높은 대학교, 학과일수록 입학 성적도 높다. 수능 성적이 특정 2, 3개 영역에서 2~3등급 정도 나온다면 정시로, 수능 성적은 잘 나오지 않지만 학교 내신 등급이 2.5~3.0 정도 나온다면 수시로 취업이 매우 잘 되는 '전문대 인기학과'에 입학할 수 있다.

전문대 이름조차 모른다면 포털사이트 검색창에 '한국전문대학교육협의회'를 검색해보라. 그럼 '한국전문대학교육협의회 입학정보센터' 웹사이트 주소가 나올 것이다. 그곳에 들어가 자신이 입학을 원하는 학과와 관련이 있는 단어를 검색하면 관련 학과가 있는 전문대를 알아볼 수 있다(희망 지역을 '서울', '경기' 등으로 선택해서 검색할 수도 있다).

예를 들어 물리치료학과가 있는 전문대 이름을 알고 싶다면 희망학과를 적는 칸에 '물리'를 입력하면 물리치료학과가 있는 전국의 모든 전문대 이름이 검색됨을 확인할 수 있을 것이다. 그렇게 학교 이름을 확인했다면 그 학교 이름을 다시 포털사이트에서 검색해 그 전문대의 입학 관련 웹사이트를 방문해서 물리치료학과의 입학 성적을 확인하면 된다.

에필로그

원래 이 책의 에필로그에는 대한민국 교직사회에 대한 신랄한 비판을 하려 했었다. 하지만 그렇게 하지 않기로 마음을 바꿨다. 그저 나의 길을 계속 걸어가는 것으로 만족하려 한다.

2011년 2학기 기말고사를 마치고 겨울방학을 얼마 남겨 두지 않은 시기에 한국 근현대사 강의를 마치며 학생들에게 해 주고 싶은 말을 적은 편지를 싣는 것으로 에필로그를 대신하려고 한다. 부디 이 책을 읽은 학생들은 이 책의 가장 뒤에 실려 있는 마지막 편지의 내용도 꼭 읽어주기를 바란다. 내가 이 시대를 살아가고 있는 모든 청소년들에게 꼭 해주고 싶은 말을 적은 것이기 때문이다.

이 자리를 빌려서 사랑하는 나의 형, 할머니, 그리고 큰집 가족들과 처가 식구들에게 고맙다는 말을 전하고 싶다. 나를 잘 가르쳐주시고 아껴주신 초등학교, 중학교, 고등학교, 대학교 은사님들

께도 감사의 말씀을 전한다. 항상 나를 응원해준 친구들과 신후배, 그리고 나를 믿고 따라준 제자들에게도 감사의 말씀을 전한다. 특히 수능 준비 방법에 대한 토론과 원고 수정에 많은 도움을 준 JW에게 깊은 감사의 뜻을 전한다.

이 책을 항상 헌신적인 배려와 내조를 해준 사랑하는 나의 아내, 그리고 삶의 바른 길을 가르쳐 주시고 언제나 사랑으로 대해 주신, 존경하는 나의 아버님 영전에 헌정한다.

2015년 1월
대화동 자택에서
조성학

사랑하는 나의 학생들에게 쓰는 편지:
한국 근현대사 강의를 마치며

들어가는 말

먼저, 지난 두 학기 동안 볼품없는 강의를 열심히 들어준 너희에게 고맙다는 인사를 하고 싶다. 특히, 마지막에 교과서 끝까지 이어졌던 강의를 끝까지 들어주었던 의리(?)에 대해서는 경의를 표하고 싶구나. 내 나름대로 열심히 준비했던 강의였지만 부족한 부분이 분명히 있었겠지. 너그러운 마음으로 이해해주기 바란다.

강의를 끝내면서, 나는 너희에게 두 가지 입장에서 해주고픈 말이 있다. 첫 번째 입장은 '한국 근현대사 선생님'으로서고, 두 번째 입장은 '고2에서 고3으로', 아니, 어쩌면 '내 품에서 세상 밖으로' 너희를 떠나보내는 선생님의 입장으로서란다. 이제 그 첫 번째인 한국 근현대사 선생님으로서 하고픈 말을 잘 들어주길 바란다.

해주고 싶은 말 1 ― 한국 근현대사 선생님으로서

나는 이번 강의를 처음 기획할 때, 크게 세 가지에 초점을 맞추었다. 그 하나가 '수능시험에 효과가 있는 강의', 그다음이 '인생의 교훈을 얻을 수 있는 강의', 마지막이 '아이들을 생각하게 하는 강의'였다.

앞의 두 가지는 수행평가의 형태로 직접적으로 그 결과를 알아보기도 했다. 마지막 하나는 수업 중, 수업 후에 나누었던 수많은 질의·응답·토론을 통해서, 그리고 수업 중의 너희의 진지한 눈빛과 표정 변화, 고개 끄덕임 등의 비언어적 커뮤니케이션을 통해서 미루어 짐작할 수 있었다고 생각한다.

이 세 가지 초점의 틀에서 생각해 볼 때, 여러분에게 전하고픈 메시지 역시 세 가지다. 그 첫째는 '어떤 일을 하더라도 구체적이고 분명한 목표를 가지고, 가장 효과적인 방법을 스스로 생각해내는 능력을 기를 것', 둘째, '살아가면서 겪게 되는 일로부터 배울 것', 셋째, '생각하며 살 것'이다.

내가 보기에 너희 중 분명한 인생 목표가 있는 아이들이 있다. 그 아이들은 분주한 듯하지만 여유가 있어 보이고, 고달플 것 같지만 즐거워 보였다. 나는 그런 아이들의 모습 속에서 미래의 스티브 잡스, 안철수와 같은 인물들의 씨앗이 있다고 생각한다. 그들은 언제나 바쁘고 고달프게 살았지만, 인터뷰할 때나 프레젠테이션할 때의 모습을 보면 매우 여유롭고, 즐거워 보였으니까 말이다.

인생의 목표를 정한다는 것은 무척이나 어려운 일이다. 무(無)에서 유(有)를, 아무것도 없는 진공 상태에서 유기체를 만들어내는 것만큼이나 어려운 일이니까. 제2의 탄생이니까. '인간 스티브 잡스'의 탄생이 우주의 신비로운 작용에 의해서 나타난 것이라면, 'IT 제품 개발자 스티브 잡스'의 탄생 역시 그에 버금가는 알 수 없는 신비로운 작용에 의해서 나타난 것 아니겠나.

그래서 너희에게 그것을 강요할 수는 없음을 잘 알고 있다. 만약 누군가가 너희에게 그것을 강요한다면, 그것은 어리석은 일이요, 오히려 너희의 인생을 망치는 일이 될 수도 있음을 느낀다. 다만, 분명한 목표가 있는 아이들의 모습에서 삶의 원동력, 젊음의 패기와 에너지를 더 크게 느낀단다. 이것은 부인할 수 없을 것 같구나.

그리고 목표를 향해서 노력할 때, 가장 효과적인 방법을 스스로 생각해 내는 능력을 길러야 한다. 내가 '수능 한국 근현대사 학습 전략'을 짜라고 했던 수행평가의 취지는 바로 이것이었단다. 너희는 앞으로 살아가는 동안 수많은 과제들을 해결하게 될 거야. 그때마다 최선의 방법을 찾아내어 어려운 과제도 거뜬히 해결하는 멋진 너희의 모습을 기대해 본다.

그런데, 내가 말한 가장 효과적인 방법에 대해서 두 가지 오해는 하지 말기를 바란다. 첫 번째 오해는, '효과적인 방법은 생각만으로도 만들어낼 수 있다.'라는 생각이란다. 효과적인 방법은 생각만으로 나타나기보다는, 수많은 성공과 실패의 경험이 진지한 생각과 결합하여 나타날 때가 많단다. '실패를 통해서 배워라.', '실패는 성공의 어머니', '경험을 통해서 배운 살아있는 지식'이라는 말들은 다 그런 맥락에서 나온 말이다.

두 번째 오해는, '이 방법으로 성공했으므로 지금의 방법이 최상의 방법이다.'라는 생각이란다. 선생님이 생각하기에, 언제, 어디서나 최선의 방법이라고 주장할 수 있는 방법은 흔치 않아. 끊임없이 지금의 방법이 맞는지, 더 좋은 방법이 없는지 생각해 보고, 다른 사람들은 어떻게 하고 있는지 보고 배워야 할 거다. 그런 노력들이 너희를 긍정적으로 변화시키는 힘이 될 거야.

한국 근현대사 선생님으로 해 주고 싶은 이야기 그 두 번째, '살아가면서 겪게 되는 일로부터 배울 것.'

너희는 앞으로 살아가면서 수많은 일들을 겪게 될 거야. 너희의 일상 속 사건들부터 너희의 일상과는 멀리 떨어진 정치적, 경제적, 사회적, 문화적 사건들까지. 그런데 내가 봤던 사람들 중 그런 일들로부터 삶의 지혜를 얻을 줄 아는 사람들은 그리 많지는 않았단다. 오죽하면 '사람들은 역사로부터 아무 것도 배우려고 하지 않는다.'라는 말이 있겠니.

이 두 번째 이야기는 세 번째 이야기와 같이 해주고 싶구나. '생각하며 살기.'

세상을 살다보면 반복되는 일상 속에서 감정의 기복만 겪다가 스스로를 망치는 사람이 있는가 하면, 감정의 기복이 일어날 때 왜 이런 일이 일어나는지를 생각하는 사람이 있단다. 예를 들어볼까. '왜 내가 시험 치기 직전 25분이라는 긴 휴식시간 동안 친구랑 이야기했을까? 그 시간에 공부해 둔 내용을 요약 정리한 노트를 한 번 더 봤다면 훨씬 좋은 성적을 받을 수 있었을 텐데.'

이렇게 스스로에 대한 실망이라는 감정의 기복을 겪었던 사람들 중 상당수가 다음 시험에, 심지어는 바로 다음날 시험에 또 똑같은 실망과 후회를 반복하지. 이것은 살아가면서 겪게 되는 일로부터 지혜를 얻지 못했기 때문이라고 볼 수 있겠지. 그런데, 그렇게 지혜를 얻지 못하고 같은 후회를 반복하는 것은 상당 부분 '생각하며 살지' 못했기 때문일 거야. 좀 더 구체적으로 말한다면 '스스로 반성하며 살지' 못했기 때문이겠지.

여기서 반성이라는 것, 그리고 그러한 반성으로부터 얻은 지혜라는 것은 어디까지나 그다음의 비슷한 상황에서의 실천, 행동 변화가 있을 때에만 의미 있는 것이라는 점을 반드시 기억해 주기를 바란다. 지행합일(知行合一)이라는 말이 있듯이, 아는 것을 실천할 수 있을 때만이 진정으로 안다고, 진정으로 지혜롭다고 할 수 있는 것이란다. 너희는 꼭 지혜로운 사람이 될 수 있다고 선생님은 믿고 있을게.

해주고 싶은 말 2 — 여러분을 떠나보내며

이제 너희도 곧 겨울방학을 맞게 되고, 고3 수험생이 되겠지. 이 이야기를 들으면 소리 높여 "어어어~" 하거나, 마음속으로 '이제 나는 죽었다. 아, 우울해.' 하고 혼잣말할 아이들이 많을 거야. 그래서 선생님도 너희를 떠나보내는 마음이 더욱 짠하단다.

하지만 선생님은 그런 생각에 몇 개의 의문 부호를 제시해 보고자 한다. 고등학교 3학년이 된다는 것이 왜 우리를 우울하게 할까? 고등학교 3학년이 된다는 사실이 우리를 우울하게 만들 하등의, 참새 눈곱만큼의 의미라도 있을까? 도대체 초등학교 1학년에서 초등학교 2학년이 되는 것과 고등학교 2학년에서 고등학교 3학년이 되는 것 사이에 무슨 차이가 있는가?

내가 보기에는 우리가 고등학교 3학년이 된다는 것이 우리를 우울하게 만드는 것에는 여러 가지 요인이 있겠지만, 그중 우리 마음속에 있는 것을 꼽으라면 바로 '결과에 대한 부담감'이라고 생각한다. '혹시 내가 대학입시에 실패하면 어떻게 하지?', '인생의 낙오자가 되어 비참한 생을 살게 되지 않을까?'라는 부담감이 불안감, 두려움으로 바뀌어 우리의 생각, 사고를 마비시킨다. 이런 과정과 결과는 전혀 합리적인 것이 못 된다. 지금부터 내 이야기를 잘 들어 보거라.

우리는 살아가면서 여러 가지 결과에 대한 부담감이 느껴지는 일들을 마주하게 되지. 그런데 어떤 결과에 부담감이 있는 일이 있을 때마다 우리가 벌벌 떨면서 다른 생각을 못 해야 하나? 선생님은 이 문제에 대해서 너희가 생각을 전환하기를 기대한단다. 어떤 생각의 전환인가 하면, 바로 인생의 목표를 '남에게 보이기 위한 성공'에서 '나의 보람'으로, 나의 앞으로의 삶을 '성공을 위한 고난'에서 '나의 길을 찾아서 떠나는 여행'으로 바꾸어 생각해 보는 것이란다.

좀 더 구체적이고 현실적으로 이야기하자면, '수능시험일 하루를 위해서, 대학 입학을 위해서 십수 년 인생을 살아왔다는 생각'에서 '내가 가고자 하는 내 인생의 여행 코스 중 하나가 수능시험이요, 대학 입학이라는 생각'으로 바꾸어보라는 거야. 수능시험일 하루를 위해서, 대학 입학을 위해서 살아온 십수 년 인생은 수능시험을 망치거나, 대학 입학에 실패한다면 의미를 잃어버리고 방황하겠지만, 80년, 90년 평생 동안 나의 길을 찾아서 떠나는 여행이 인생이라면 수능시험을 망치거나, 대학 입학에 실패한다고 해서 의미를 잃고 방황하지는 않는단다.

여기까지가 내가 너희를 고3으로 올려 보내는 선생님으로서 너희에게 하고 싶은 첫 번째 이야기였단다. '성공을 위한 고행'이 아닌 '나의 길을 찾아서 떠나는 여행.'

이제 두 번째 이야기를 하마. 바로 '가치를 찾아서 떠나는 여행'

이란다. 첫 번째 이야기가 너희의 인생 여행에서의 여행 코스였다면, 두 번째 이야기는 너희의 인생 여행의 주제이자 방향이란다.

너희는 인생의 가치를 어디에 두고 있니? 그것이 너희의 인생 방향을 결정할 텐데 말이다. 한 번 생각해 보렴. 만약 누군가가 너희에게 '당신은 어떤 가치를 추구하면서 살고 있습니까?'라고 묻는다면 너희는 어떻게 대답할까?

만약 '진실'이라는 가치를 찾아서 인생 여행을 한다면, 그 아이는 이 세상의 진실을 알리기 위해서, 부조리한 강자가 감추려고 하는 억울한 약자들의 현실을 세상에 알리는 기자가 되려고 하지 않을까? 진실에 대한 강한 의지가 있는 아이라면 비록 자신이 명문대학 언론정보학과에 진학하지 못한다고 하더라도 기자가 되어서 진실을 알리겠다는 그 의지가 쉽게 꺾일까? 기자나 아나운서들 중 상당수가 언론 관련 전공이 아니라는 점을 기억하길 바란다.

한시라도 빨리 너희의 인생의 방향, 인생의 가치를 찾기를 바란다. 아무리 큰 배라도 방향을 잃고 표류하면 유령선이 되지만, 작은 돛단배라도 방향을 잃지 않고 쉼 없이 나아가면 목적지에 닿는 법이란다.

이제 마지막 세 번째 이야기. '무소의 뿔처럼 혼자서 가라.'

여태까지 선생님이 했던 이야기들은 실천으로 옮기기가 힘든 이야기라는 점을 나도 잘 알고 있단다. 그런데 그것들을 실천하기 어러운 원인 중 무시할 수 없는 것이 하나 있단다. 그건 바로 사람들이 사는 세상은 때로 살기가 힘들고 때로 너희를 혼란에 빠뜨리기 쉽다는 점이란다.

"당장 먹고 살기 힘들어 죽겠는데 무슨 그런 뜬구름 잡는 소리를 하나요?", "진실? 그거 추구하면 누가 밥 먹여 줍니까?"라는 반문을 하게 될 때가 있을 것이다. 또한 여태까지 선생님이 너희에게 이야기한 것과는 전혀 다른 방향이나 정반대 방향으로 인생을 사는 사람들이 눈에 보이는 성공을 거두거나, 그런 성공을 빌미로 너희를 유혹할 수도 있단다. 내가 학생들을 졸업시킬 때 학생들의 앞날이 걱정되는 이유 중 하나가 바로 이것이란다.

하지만 내가 여태까지 경험해 본 결과, 인생의 방향과 가치가 없는 사람이나, 잘못된 인생의 방향과 가치를 가지고 출세하거나 타인을 유혹에 빠뜨리는 사람 중 진정으로 행복한 사람은 하나도 없었다. 전자와 같은 사람들은 경제적으로 가난한 경우가 많거니와, 부유해진다 하더라도 결국 그 부유함 때문에 자신을 망치는 경우가 많았다. 힘없고 가난할 때는 권력자, 부자들을 욕하거나 그들의 몰락을 보면서 인과응보라고 비난하던 자들이, 자신이 권력자, 부자가 되면 자신이 욕하던 자들의 행태를 그대로 반복하다가 그들과 똑같이 몰락해 가는 것을 나는 많이 보았다.

후자와 같은 경우, 즉 잘못된 인생 방향, 잘못된 인생 가치를 가지고 살았던 사람들은 다른 사람들을 유혹에 빠뜨려 불행하게 만들거나, 경찰서나 검찰청을 제집 드나들 듯 하다가 마지막에 죗값을 치르게 되었을 때 "나를 이렇게 만든 세상이 썩어서 그렇지 내 잘못이 아니다.", 혹은 "다른 사람들 다 그렇게 사는데 왜 나만 가지고 그러냐?"면서 세상 탓, 남 탓을 하면서 몰락해 가는 경우가 많았다.

그렇다면, 여기서 너희가 선생님에게 물어볼 수 있는 질문이 하나 있을 것이다. "그럼 선생님, 선생님이 이야기하신 대로 살면 성공할 수 있나요?" 나는 이 질문에 대답하기가 무척 망설여진다. 만약 너희 중 누군가가 내게 그렇게 묻는다면 나는 이렇게 대답할 것이다. "무소의 뿔처럼 혼자서 가라."고.

좀 전의 질문에 직접적으로 대답한다면, 내가 이야기한 대로 산다고 해서 사회경제적 성공, 출세를 한다는 보장은 절대 없다. 내가 그렇게 이야기한다면, 내가 늘 했던 말이지만, 내가 사기꾼이거나 사이비 교주가 되려는 사람일 것이다.

다시 한 번 이야기하지만, 여러분은 다른 누구도 믿어서는 안 된다. 언제나 내 인생의 중요한 결정, 판단의 주체는 여러분 자신이어야 한다. 물론 다른 사람의 말을 경청해야 할 것이다. 하지만 그런 말들을 참고해서 옳다면 그대로 따르고, 그르다면 따라서는 안 되며, 때로는 자신의 입장과 상대방의 말을 절충해서 결정을 내려야 할 것이다. 요점은 너희 인생을 남이 대신 살아주지는 못한다는 것이다. 무소의 뿔처럼 혼자서 가라.

그리고 다시 본론으로 돌아와서, 너희에게 어려운 말이기도 하고 미안한 말이기도 하지만, 사회경제적 성공, 출세를 할 수 있는지 없는지에 대한 걱정, 그것을 초월해서 살아라. 이것이 마지막으로 내가 너희에게 하고 싶은 말이다. '내가 출세할 수 있을까?', '아, 출세하고 싶어. 무슨 수를 써서라도 출세하고 싶어.' 이러한 걱정과 생각을 초월하지 못하면 여러분은 여러분의 인생을 스스로 살지 못하고, 그러한 걱정과 생각의 노예가 되어 살아갈 것이다.

우리가 배웠던 수많은 역사적 인물들과 사건들을 기억하거라. 비난의 대상이 되거나, 최대한 긍정적으로 보려고 해도 '그때 상황에서는 어쩔 수 없었다'는 평가를 받았던 친일파 인물들을 잊어서는 안 될 것이다. 어려운 상황 속에서도 자신의 인생의 가치를 꺾지 않았던 안중근, 이봉창, 윤봉길과 같은 의사들이 여러분 가슴 속에서 살아 숨 쉬고 있음을 선생님은 믿어 보려 한다.

│ 나오는 말

지난 두 학기 동안 너희와 함께 수업할 수 있었던 것은 내게 큰 행운이었다고 생각한다. 이 편지를 빌려서 너희에게 내 마음을 전하고 싶다. "아이들아. 고맙다. 사랑한다."

최근 선생님이 즐겁게 보고 있는 교육방송 교양강좌의 노랫말, 한국 영화 제목, 한국 가요 노랫말로 마지막 인사를 대신하고자 한다.

높은 곳도 낮은 데서 먼 곳도 가까운 데서 이 길을 나 홀로 간다.

무소의 뿔처럼 혼자서 가라.

긴 밤 지새우고 풀잎마다 맺힌
진주보다 더 고운 아침 이슬처럼
내 맘에 설움이 알알이 맺힐 때
아침 동산에 올라 작은 미소를 배운다.
태양은 묘지 위에 붉게 타 오르고
한낮의 찌는 더위는 나의 시련일지라.
나 이제 가노라. 저 거친 광야에
서러움 모두 버리고 나 이제 가노라.

못난 선생님이 사랑하는 학생들에게